Aus dem Französischen von Hedwig Sander
Fachliche Beratung für die deutschsprachige Ausgabe
Robert Spiering
Redaktion: Dr. Ernö Zeltner
Schutzumschlag: Ingrid Ullrich

Titel der Originalausgabe:
L'Uniforme et les Armes des soldats du premier Empire

ISBN 3-570-06389-5

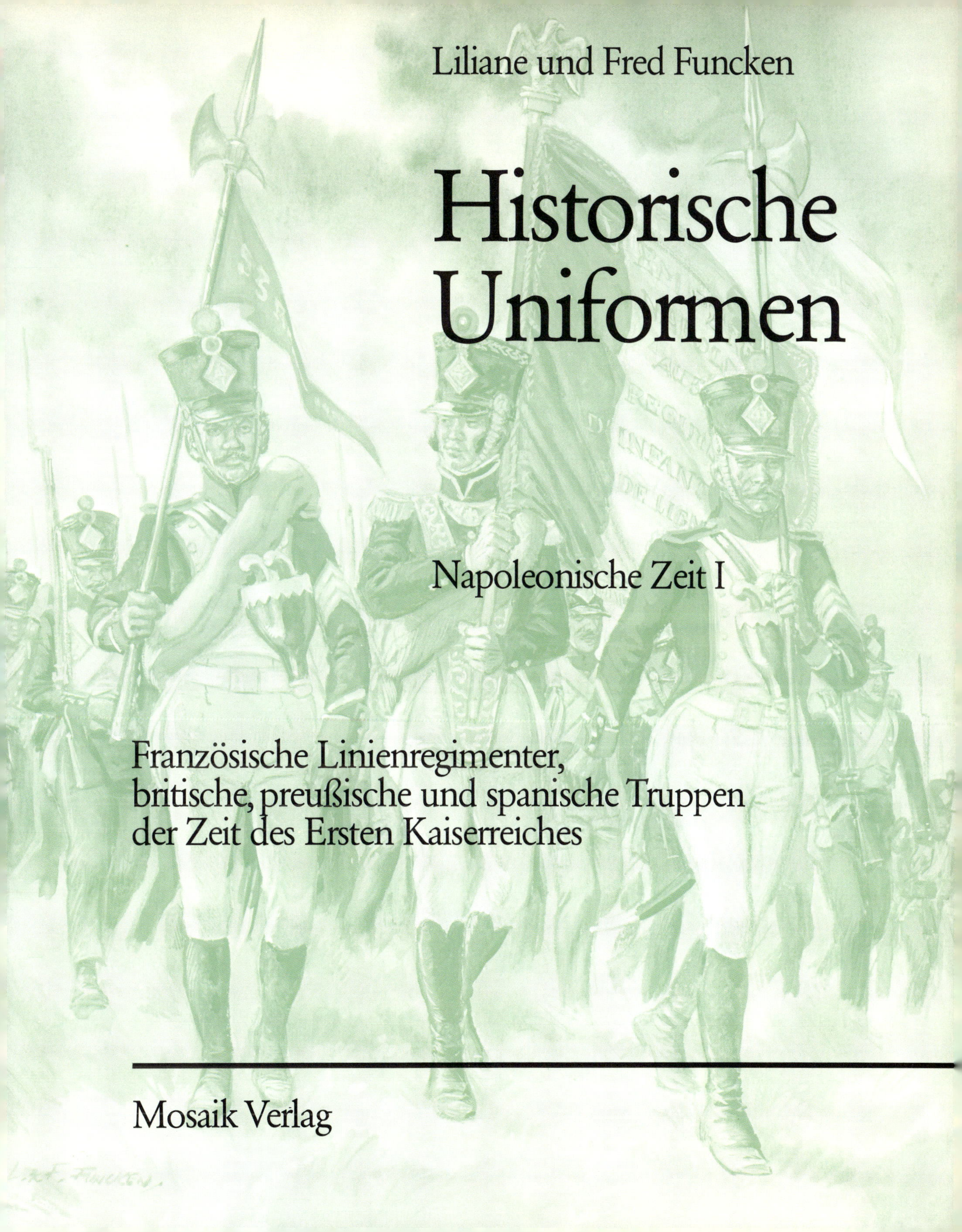

Liliane und Fred Funcken

Historische Uniformen

Napoleonische Zeit I

Französische Linienregimenter, britische, preußische und spanische Truppen der Zeit des Ersten Kaiserreiches

Mosaik Verlag

N

Liliane und Fred Funcken haben mich gebeten, dem Bildband über Uniformen und Waffen des Ersten Kaiserreiches ein Geleitwort voranzustellen. Diesem Wunsche komme ich gern nach in Erinnerung an meinen Vater, der von diesem Thema besonders fasziniert war und der dazu eine große Zahl von Dokumenten zusammengetragen hat.

Der Jugend, die Farbe und Glanz der Uniformen liebt, den Historikern, für die eine genaue Kenntnis der Details stets von Nutzen ist, einer breiten Öffentlichkeit, die ihre Anhänglichkeit und ihren Glauben an das Vaterland auch durch ihr Interesse für seine Militärgeschichte bekundet, möchte ich dieses Werk empfehlen und damit einer sorgfältigen und nützlichen Arbeit meine volle Sympathie bezeugen.

Paris, den 8. Juni 1968

ERSTER TEIL

DIE FRANZÖSISCHE ARMEE

Napoleon und sein Stab

18. Mai 1804. Napoleon Bonaparte empfing den Senat, der gekommen war, um ihn »zum Ruhme wie für das Glück der Republik« zum Kaiser der Franzosen auszurufen.

Zehn Jahre vorher war dieser Mann noch ein kleiner Artillerie-Hauptmann gewesen!

Napoleone de Buonaparte war am 15. August 1769 in Ajaccio geboren worden, auf jenem Korsika, das genau ein Jahr zuvor an Frankreich gefallen war[1]. Der kleine rauflustige Junge, der sich auf den wilden Felsen seiner Heimatinsel tummelte, hatte zunächst nur Neigungen fürs Rechnen gezeigt, war dann aber nach Frankreich, in sein neues Vaterland, geschickt worden, um dort Offizier des Königs zu werden. Im Jahre 1784 wurde er ins Adelige Kadettenkorps der Pariser Marsschule aufgenommen, mit 16 Jahren war er Unterleutnant im Regiment La Fère. Bei der Belagerung von Toulon (1793), bei der er zweimal verwundet wurde, zwang er die Engländer zur Räumung der Stadt und wurde auf Emp-

1 Ludwig XV. hatte Korsika von der Republik Genua gekauft und am 15. August 1768 Korsikas Anschluß an Frankreich proklamiert. Um den Widerstand der korsischen Patrioten zu brechen und die Neuerwerbung zu sichern, waren zwei Feldzüge erforderlich (Ponte Nuovo, 9. Mai 1769).

1. Adjutant (1804). – 2. Marschall in Kleiner Uniform. – 3. Divisionsgeneral (1805). – 4. Marschall im Rock der Kleinen Uniform. – 5. Brigadegeneral in der Redingote (1805). – 6. Marschall des Kaiserreichs (1804). – 7. Murat als Generalgouverneur von Paris (1804). – 8. Der Kaiser (1804). – 9. Brigadegeneral (1804).

7
8
9
1
2
3
4
5
L. F. FUNCKEN.

fehlung seines Chefs zum Brigadegeneral ernannt. Wie prophetisch hatte sein Vorgesetzter an den Wohlfahrtsausschuß geschrieben: »Belohnen und befördern Sie diesen jungen Mann, denn sollte man sich ihm gegenüber undankbar erweisen, würde er sich selbst befördern.«

Und er stieg auf wie ein Meteor. Mit 26 Jahren war er Divisionsgeneral und Oberkommandierender der Heimat-Armee, 1796 wurde er zum Oberbefehlshaber der Italien-Armee ernannt und dort wollte er »der Republik die schönsten Gegenden Europas erobern«. Ägypten, 18. Brumaire (1799): das Konsulat. Die letzten Sprünge waren ungeheuer groß, Frankreich hat sich diesem außergewöhnlichen Mann anvertraut, und er hat dem Land seinen ganzen Ruhm wiedergegeben ... und sogar ein wenig mehr.

Mit dem Kaiserreich entstand eine Oberschicht aus Militärs, die das Prestige des kaiserlichen Frankreichs dem Prestige des Ancien régime ebenbürtig machen sollte.

Den Titel eines Marschalls von Frankreich hatte Philipp August zum ersten Mal verliehen (1185), die Republik hob diese Würde auf. Durch Dekret vom 19. Mai 1804 schuf Napoleon sie neu und ernannte 14 seiner alten Waffengefährten, die ihm bei seinem Aufstieg zur Macht geholfen hatten, zu Marschällen des Kaiserreichs. Diese Männer, die durchschnittlich 40 Jahre alt waren, hießen: Augereau (1757–1816),

1. Adjutant eines Armeegenerals (1807). – 2. Adjutant (im Hauptmannsrang) eines Brigadegenerals (1805). – 3. Adjudant-Major (1805). – 4. »Adjoint« (Gehilfe der Kommandeure). – 5. Adjutant (im Oberstenrang) eines Armeegenerals (1805). – 6. Murat (1805). – 7. Der Kaiser (1805). – 8. Marschall des Kaiserreichs (1805).

1
2
3
4
5
6
7
8
. & F. FUNCKEN

Bernadotte (1763–1844), Berthier (1753–1815), Bessières (1768–1813), Brune (1763–1815), Davout (1770–1823), Jourdan (1762–1833), Lannes (1769–1809), Masséna (1756–1817), Moncey (1754–1842), Mortier (1768–1835), Murat (1767 bis 1815), Ney (1769–1815), Soult (1769–1851).

Durch die Einführung von vier Marschällen ehrenhalber erhöhte sich die Zahl der Marschälle auf 18 (1804); sie stieg später noch weiter durch die Ernennung von Victor (1766 bis 1841) im Jahre 1807, Oudinot (1767–1847), Macdonald (1765–1840) und Marmont (1774–1852) im Jahre 1809, Suchet (1772–1826) im Jahre 1811, Gouvion-Saint-Cyr (1764–1830) im Jahre 1812, Poniatowski (1762–1813) im Jahre 1813 und Grouchy (1766–1847) im Jahre 1815.

Die Zahl der Generale schwoll ebenfalls beträchtlich an: 259 Divisionsgenerale und 703 Brigadegenerale wurden zwischen 1805 und 1815 ernannt.

Dennoch stießen diese brillanten Kader, die von Jahr zu Jahr einen höheren Blutzoll zu entrichten hatten und immer jüngere und unerfahrenere Soldaten in den Kampf führten, beim Kaiser nur auf Argwohn und hochmütige Verschlossenheit, die an Verachtung grenzte. »Die Generale sind nichts«, sagte Napoleon. Seine Marschälle behandelte er mit der gleichen Härte und verlangte von ihnen blinden Gehorsam auf seine Befehle. Überhaupt duldete er bei seinen Un-

1. Adjudant-Major des kaiserlichen Hauptquartiers (1809). – 2. Bediente des kaiserlichen Haushalts. – 3. und 4. Adjutanten des Marschalls Berthier. – 5. Page, der dem Kaiser das Fernglas trägt. – 6. Murat, König von Neapel (1810). – 7. Berthier. – 8. Der Kaiser (1809). – 9. Rustan, Mameluck des Kaisers. – 10. Generalstabschef (1809). – 11. Divisionsgeneral (1809).

1
2
3
4
5
6
7
8
9
10
11
F. FUNCKEN.

tergebenen nicht die geringste Diskussion über seine Anordnungen. »Ich allein weiß, was ich tun muß«, pflegte er zu sagen.

Bis auf wenige Ausnahmen waren die großen Heerführer des Kaiserreichs zu dieser Unterwerfung bereit, die in bestimmten Fällen in den ekelhaftesten Servilismus ausartete.

Hauptsächlich wegen alter Feindschaften fochten die Marschälle untereinander Rivalitätskämpfe aus, die sie manchmal so blind machten, daß sie wahre Katastrophen auslösten, weil sie sich weigerten, sich gegenseitig zu Hilfe zu kommen (in Spanien, Portugal und Rußland), allerdings fern dem Auge des Herrn.

Die Marschälle erwarben nicht nur Ruhm und Renommee, sie strebten fast alle auch nach Reichtümern. Darin wurden sie allerdings von Napoleon bestärkt, der ein wenig summarisch urteilend glaubte, seine Marschälle durch Ehrgeiz und Begehrlichkeit am sichersten an seine Person binden zu können.

Ganz im Gegenteil: Mit Gütern und Reichtümern überhäuft, wandten sich die meisten von ihnen »angewidert vom Handwerk« von dem ab, der sie so reich gemacht hatte.

Eine Eigenschaft jedoch war all diesen Männern, von denen wir bisher nur ein recht düsteres Bild malten, gemeinsam: außergewöhnliche Tapferkeit. Durch ihren Heldenmut er-

1. Divisionsgeneral (1812). – 2. Marschall (1812). – 3. Divisionsgeneral (1812). – 4. Brigadegeneral im Mantel (1815). – 5. General (1812). – 6. Ordonnanz-Offizier in Kleiner Uniform (1813). – 7. Divisionsgeneral (1813). – 8. Chirurg des kaiserlichen Hauptquartiers. – 9. Ingenieur-Geograph (1810). – 10. Murat (1812).

1
2
3
4
5
6
7
8
9
10
& F. FUNCKEN.

rangen ihre wunderbaren Truppen der französischen Armee ewigen, strahlenden Ruhm.

Der Kaiser ließ seine Offiziere sich mit all den Tressen und Federbüschen behängen, aus denen er sich nichts machte. Die Uniformen waren mit Gold und Stickereien überladen, jedoch nur bis zu den Brigadegeneralen. Die im Rang unmittelbar auf die Brigadegenerale folgenden Generaladjutanten oder Adjudants-Majore waren schlichter gekleidet. Sie wurden als Stabschefs verwendet. Nach ihnen kamen die Adjutanten (Aides de camp), welche die Generale zu unterstützen hatten. Einem Marschall standen sechs von ihnen zur Seite, einem Divisionsgeneral drei und einem Brigadegeneral zwei. Wie bei allen Offizieren ohne Truppe üblich, trugen die Adjutanten selten die vorschriftsmäßige Uniform. Manchmal waren sie in wahre Phantasie-Uniformen gekleidet.

Aus den verschiedenen Waffengattungen wurden einige junge Offiziere ausgewählt, die dem Kaiser zur Weiterleitung seiner Befehle dienten und in seinen Haushalt eingegliedert wurden. Sie trugen den Titel eines Ordonnanz-Offiziers, und es gab jeweils höchstens zwölf von ihnen. Sie trugen kornblumenblaue mit Silber bestickte Uniformen. Hatten sie sich gut geführt, teilte Napoleon sie zur Belohnung einem Linien-Regiment zu, mit dem nächsthöheren Rang als den, den sie bei ihm gehabt hatten.

1. Generaladjutant des Marschalls Berthier (1809). – 2. Adjutant des Marschalls Bernadotte (1807). – 3. Adjutant eines Marschalls, Große Uniform (1807). 4. Adjutant Murats. – 5. Adjutant eines Generals. – 6. Adjutant eines Generals (1810). – 7. Adjutant eines Divisionsgenerals (1812).

7
6
5
1
2
3
4
& F. FUNCKEN.

Tambour-Majore und Musiker

Die Rolle der Musiker beschränkte sich keineswegs auf ihre Beteiligung an den blendenden Paraden des Kaiserreichs. Napoleon, der sich im allgemeinen wenig für Musik interessierte, wußte sehr wohl, wie mächtig sie auf den Soldaten und das Volk wirkte. Abgesehen von den Trompetensignalen und Trommelwirbeln, die wie das Wecken und der Zapfenstreich durch Erlasse geregelt waren, spielten die Musikzüge meist Melodien aus dem Repertoire der Vaudeville-Theater; den alten republikanischen Liedern, die einige Jahre zuvor doch so beliebt gewesen waren, mißtraute der Kaiser. Sie waren ihm zu sehr mit französischem Blut befleckt.

So defilierten die Soldaten zu den Klängen von »J'aime l'oignon frit à l'huile« (Ich mag die Zwiebel in Öl gebraten), das einer damals beliebten Operette entnommen war.

Alle lebhaften, flotten volkstümlichen Weisen im Viervierteltakt wurden von den Musikchefs bearbeitet.

David Buhl, der beste Trompeter seiner Zeit, bildete in der Versailler Schule mehr als sechshundert Musiker aus. Seine Methode fand weite Verbreitung und blieb lange die klassische Ausbildungsmethode.

TAMBOUR-MAJORE

1. Linien-Infanterie (1812–1814). – 2. Linien-Infanterie, Kleine Uniform (1812). – 3. Leichte Infanterie (1809). – 4. 3. Regiment der Linien-Infanterie (1810). – 5. 29. Regiment der Linien-Infanterie (1807). – 6. Linien-Infanterie (1807).

6
5
1
2
3
4
F. FUNCKEN

Nach Fétis umfaßte ein Militär-Musikkorps im Prinzip: sechs bis acht Baßklarinetten, eine Es-Klarinette, eine Piccoloflöte, zwei Hörner, zwei Fagotte, eine Trompete, zwei oder drei Posaunen, ein oder zwei Serpents, eine Große Trommel, ein Becken, eine Rührtrommel und einen Schellenbaum.

Die Musikchefs fingen bald an, viele Märsche und Tänze zu komponieren. Einer von ihnen, mit Namen Gebauer, schrieb eine große Anzahl Stücke, die zu den besten der damaligen Zeit gerechnet werden. Dieser Komponist kam während des verhängnisvollen Rußlandfeldzuges um und viele andere Musiker auch.

Eigentlich bestand die Uniform der Musiker aus einem blauen Rock ohne Rabatten und einem goldgeränderten Hut; aber schon 1806 trugen manche die phantasievollsten Trachten.

Auf dem Schlachtfeld hatten die Musiker für den Munitionsnachschub zu sorgen und die Verwundeten einzusammeln.

Die Hornisten der Leichten Infanterie, die Pfeifer und die Trommler spielten gleichfalls eine bedeutende Rolle im militärischen Leben.

INFANTERIE-MUSIKER

1. 1808. – 2. 1812. – 3. Leichte Infanterie (1812). – 4. Musikchef (1812). – 5. Musikchef (1809). 6. 1809. 7. 1812. – 8. Leichte Infanterie (1812). – 9. Leichte Infanterie (1812). – 10. Musikchef (1805). – 11. Musikchef (1809).

9
10
11
8
6
7
1
2
3
4
5
FUNCKEN.

Die Trommler besaßen eine ganz bemerkenswerte Virtuosität. Der berühmte »Trommelschlag von Austerlitz« mit seinen rhythmischen Variationen und den wechselnden Klangfarben, die dadurch erzeugt wurden, daß die Trommler entweder auf das Trommelfell oder auf den Trommelrand schlugen, bildete wahrhaft eine »Sonate für Trommel«. Er ist so schwierig zu spielen, daß man die Hypothese ausschließen muß, er sei während der Schlacht bei Austerlitz gespielt worden. Im allgemeinen waren die Trommler tapfere Männer, und man sieht sie oft als erste auf den Feind treffen. Ihre Anweisungen erhielten sie vom Tambour-Major, dessen Stab mit dem dicken Knauf einstmals ein einfacher Stock gewesen war, mit dem er seine wilden Untergebenen züchtigte.

Unter dem Kaiserreich wurde die Uniform der Trommler so originell und so prunkvoll, daß sie aussahen wie Gaukler und Marktschreier.

Durch den Erlaß von 1812 bekamen alle Musiker, Pfeifer, Trommler und Tambour-Majore Grün als Uniformfarbe. Das war die berühmte kaiserliche Livree mit dem Litzenbesatz und abwechselnd mit »N« und Adlern geschmückt.

STABSMUSIKER – 1809

1. Schellenbaum. – 2. Klarinette. – 3. Serpent. – 4. Fagott. – 8. Horn. – 5., 6., 7., 9. und 10. Andere Musiker.

9
10
7
8
5
6
1
2
3
4
F.FUNCKEN.

Infanterie

Eine Armee von 200 000 Mann, die Invasionsarmee für England, war in den »Lagern der Ozeanküste« zusammengezogen worden. Sie war ein Kriegsinstrument von höchster Schlagkraft, vielleicht das eindrucksvollste, das es je gegeben hat. Die Soldaten der »England-Armee«, die von einem unerschütterlichen Glauben an ihren Oberbefehlshaber, den »Kleinen Mönch«, erfüllt waren, mußten unaufhörlich Übungen absolvieren, deren Einerlei bei den Soldaten schließlich Überdruß hervorrief. Durch das Zaudern des Admirals de Villeneuve und das Desaster von Trafalgar war Napoleon gezwungen, seine Invasionspläne aufzugeben, die Küstenarmee wurde die »Große Armee«. Sie eröffnete – mit dem glänzendsten: Austerlitz, am 2. Dezember 1805 – die ununterbrochene Reihe von Siegen, die bis Friedland und zum Frieden von Tilsit (1807) führt, über Jena, Auerstedt (1806) und Eylau (1807).

Unter den Fußsoldaten von 1805 waren fast 50 % ehemalige Soldaten der Revolution oder des Konsulats. Sie trugen noch den Zweispitz der Revolution und den blauen Rock mit den langen Schößen und weißen Rabatten.

Die Halbbrigade der Revolutionszeit war durch das Regiment abgelöst worden. Es umfaßte zwei bis acht Bataillone.

In der Schlacht stellte das Bataillon im Zentrum seine Füsilier-Kompanien auf, die deshalb auch Zentrumskompanien genannt wurden, und an den Flügeln die Elite-Kompanien: links die Voltigeure und rechts die Grenadiere. Bei der Leichten Infanterie wurden die Grenadiere durch Karabiniers ersetzt. Zwei oder drei Regimenter bildeten eine Brigade, zwei Brigaden bildeten eine Division.

Die Elite-Kompanien hatten festumrissene Aufgaben. Die Voltigeure, für die man kleinwüchsige, äußerst behende Männer auswählte, sollten vor den Massen der feindlichen Infanterie ausschwärmen und sie durch beliebiges, aber gezieltes Störfeuer beunruhigen. Die Grenadiere dagegen waren von hohem Wuchs und zogen die Füsiliere der Zentrumskompanien mit sich oder, je nach Fall, schoben sie nach vorn.

LEICHTE INFANTERIE

1. Jäger des 10. Leichten Reg. – 2. Voltigeur des 10. Leichten (1809). – 3. Karabinier, Marschanzug; 8. Leichtes Reg. (1809). – 4. Karabinier-Sergeant des 8. Leichten (1809). – 5. Trommler des 17. Leichten (1809). – 6. Jäger (1804–1806). – 7. Offizier der Jäger (1810). – 8. Karabinier (1810). – 9. Sappeur (Spanien). – 10. Sergeant-Major (Spanien). – 11. Karabinier. – 12. Hornist der Voltigeure (1809).

11
12
9
10
8
7
6
1
2
3
4
5
F. FUNCKEN.

Von einigen Einzelheiten in Uniform und Bewaffnung (ein kürzeres Gewehr) abgesehen, gab es kaum Unterschiede zwischen der Leichten und der Linien-Infanterie; sie kämpften gemeinsam und ernteten gemeinsam den Ruhm.

Der große Feind der Fußsoldaten war die Kavallerie. Wenn sie auf eine auseinandergezogene Infanterie-Einheit stieß, war es für sie ein leichtes, diese zu zersplittern und niederzuhauen. Dieser Gefahr wollte man durch die Karreeformierung begegnen. Unter dem Kaiserreich wandte man am häufigsten das Bataillonskarree an, weil es sich am schnellsten und einfachsten formieren ließ. Die Elite-Kompanien besetzten dabei die Ecken und den Mittelpunkt des Karrees, das nach allen Seiten feuern und den Angriffen der Reiter die schreckliche Bajonettreihe entgegensetzen konnte, die jede Seite des Karrees wie Stacheln nach außen kehrte.

Zum Angriff stellte die Infanterie sich divisionsweise in Kolonnen auf, denn aus dieser Formation heraus konnte sie sich in der Schlacht sehr schnell entwickeln und gegen den Feind die volle Feuerkraft der in einer einzigen Reihe sich dehnenden Kompanien entfalten oder genauso schnell zur Verteidigung das Karree bilden.

Aus den brillanten Siegen, die Napoleon in den ersten Jahren erfocht, könnte man schließen, daß die Fußsoldaten gute Waffen trugen, doch ihre Bewaffnung ließ sehr zu wünschen übrig. Die Hauptwaffe, das Gewehr, datierte aus dem Jahre 1777 und war trotz einiger Veränderungen minderwertig und auf jeden Fall den meisten Gewehren des Feindes so sehr unterlegen, daß der französische Soldat seine vorschriftsmäßige Waffe häufig durch ein Gewehr des Feindes ersetzte, das er auf dem Schlachtfeld aufgesammelt hatte.

Das französische Steinschloßgewehr wog 4,65 kg und war 1,53 m lang. Bis zu einer Entfernung von 110 m schoß es genau, aber über 200 m hinaus war die Treffsicherheit sehr gering. Sein kugelförmiges Geschoß vom Kaliber 17,5 mm steckte mit der dazugehörigen Pulverladung in einer Papierkartusche, die der Soldat mit den Zähnen aufreißen mußte. Danach erst konnte er das Pulver in den Lauf schütten, die Papierverpackung nachschieben, mit dem Ladestock zusam-

LEICHTE INFANTERIE

1. Trommler der Karabiniers (1812). – 2. Jäger des 10. Leichten Reg. (1812). – 3. Voltigeur des 5. Regiments (1812). – 4. Sappeur (1810–1812). – 5. Jäger (1812). – 6. Höherer Offizier (1812). – 7. Karabinier des 5. Regiments. – 8. Voltigeur des 3. Regiments (1814–1815). – 9. Offizier der Jäger. – 10. Jäger im Marschanzug (1812). – 11. Füsilier im Marschanzug (1812).

1
2
3
4
5
6
7
8
9
10
11
F. FUNCKEN

1
2
3
4
5
L. & F. FUNCKEN

10
11
12
7
8
9

mendrücken. Danach mußte er die Kugel in den Lauf tun und sie gegen die Ladung drücken und schließlich noch das Zündpulver in die Zündpfanne füllen. Das erforderte zwölf Handgriffe und dauerte eine Minute ... Und der Soldat konnte noch von Glück sagen, wenn danach der Schuß auch losging, denn das Steinschloß verursachte oft Fehlzündungen!

Diese Fehler und die temperamentvolle Art des französischen Soldaten veranlaßten den Soldaten nur zu häufig, sich nur auf sein 40 cm langes, dreischneidiges Bajonett zu verlassen, obgleich auch das nicht sehr robust war.

Der Soldat verfügte über fünfzig Kartuschen und drei Feuersteine. Außer dem Bajonett führte er noch einen kleinen, krummen Säbel, das Seitengewehr.

Im Jahre 1804 bestand die Uniform der Leichten Infanterie aus dem blauen Rock von 1799 mit scharlachfarbenen Rabatten und Ärmelaufschlägen, sowie Hose und Weste der gleichen Farbe. Der Tschako – ungarischen Ursprungs –, den die Leichte Infanterie als erste bekam, war mit einer Kupferplatte in Form eines Jagdhorns verziert. Die Karabiniers trugen einen Tschako mit roter Kordel. Bei der Leichten Infanterie gab es zu jener Zeit keine Trommler, jedoch wurden Hörner mit dem charakteristischen scharfen Klang gespielt. Durch ihren roten Kragen unterschieden sich die Karabiniers und das Zentrum von den Voltigeuren, die gelbe Kragen hatten.

1812 erhielten die roten Kragen der Karabiniers und der Füsiliere (Zentrum) blaue Vorstöße wie bei den Voltigeuren. Die Rabatten, Ärmelaufschläge und Schoßumschläge waren nun blau mit weißer Paspel. Bei den Karabiniers waren die Schoßumschläge mit einer Granate geschmückt, während die Füsiliere und Voltigeure ein weißes Horn bzw. ein chamoisfarbenes Horn trugen. Die Hose war weiß. Die scharlachfarbenen, rot vorgestoßenen Epauletten waren den Karabiniers vorbehalten; die Füsiliere trugen blaue mit weißem Vorstoß und die Voltigeure chamoisfarbene mit blauem Vorstoß.

Die Vorschriften wurden jedoch häufig durchbrochen: Die Tschakos wurden mit Federbüschen und Schilden geschmückt, wie es den Obersten gefiel.
Die Offiziere trugen stets einen langen Rock.

LINIEN-INFANTERIE
(I – Seiten 30–31)

1. Füsilier in Großer Uniform (1804–1807). – 2. Voltigeur im Feldanzug (1806). – 3. Füsilier (1805). – 4. Oberst. – 5. Voltigeur. – 6. Pfeifer (1805). – 7. Grenadier. – 8. Grenadier im Marschanzug. – 9. Hornist der Voltigeure. – 10. Sappeur (1805). – 11. Grenadier-Leutnant (1805). – 12. Füsilier im Feldanzug (1805).

LINIEN-INFANTERIE
(II – WEISSE UNIFORMEN)

1. Grenadier in Großer Uniform (1807). – 2. Füsilier (1807). – 3. Voltigeur (1806–1807). – 4. Sergeant-Major der Grenadiere (1806–1807). – 5. Grenadier (1806–1807).

2
3
1
4
5

Im Jahre 1804 gab es 37 Regimenter Leichte Infanterie. Aber fünf davon gab es nur auf dem Papier; diese Lücken sollten den Feind über die tatsächlichen Truppenstärken täuschen, die dem Kaiser zur Verfügung standen.

In der Frühzeit des Kaiserreichs hatte die Linien-Infanterie die alte Uniform aus der Zeit der Revolutionskriege noch beibehalten. An die Stelle des Hutes trat der Tschako mit Kupferplatte und Kokarde. Diese Kopfbedeckung bestand aus einem Filzstumpen mit einer Lederkappe darüber, die den oberen Rand bildete. Am unteren Filzrand saß hinten eine Schnalle zum Verstellen der Kopfweite. Die über dem ledernen Augenschirm angebrachte Platte wechselte im Laufe der Zeit mehrmals die Form. Darüber saß eine Kokarde, und den oberen Rand schmückte ein Pompon oder ein Stutz. Eine weiße, meist geflochtene Schnur umgab den Tschako vorn und hinten wie eine Girlande, an der rechts zwei runde Platten mit einer Quaste daran hingen. Zwei Sturmriemen, die unter dem Kinn festgemacht wurden, gaben dieser schweren Kopfbedeckung Halt. Der Tschako bildete einen besseren Schutz gegen Säbelhiebe, aber dem Soldaten diente er im Felde auch zur Unterbringung von Kamm, Zwiebeln, Schuhcreme oder einer Flasche.

1806 kam der Mantel auf und mit ihm der weiße Rock, der die blaue Uniform ersetzen mußte, da es kein Indigo mehr gab. Nur wenige Regimenter trugen ihn, aber trotzdem wurden Änderungen an den doch ganz präzisen Anordnungen des Dekrets eingeführt.

Die Infanterie-Regimenter Nr. 3, 4, 8, 12, 14, 15, 17, 18, 19, 21, 22, 24, 25, 27, 28, 33, 34 und 86 wurden für diese Bekleidung sofort ausgewählt. Sie bestand aus Tuchrock und -weste, Strickhose und Mantel oder Redingote aus beigefarbenem Tuch.

Die Regimenter waren in Achtergruppen eingeteilt. In jeder Gruppe hatten die vier ersten Regimenter gelbe Knöpfe und quer sitzende Taschen, die anderen vier weiße Knöpfe und längs angeordnete Taschen. In jeder Achtergruppe wurden die Abzeichenfarben wie folgt getragen:

LINIEN-INFANTERIE (III)

1. Grenadier einer Elite-Kompanie (1808). – 2. und 3. Voltigeure einer Elite-Kompanie (1808). – 4. Füsilier (1809). – 5. Grenadier (1809). – 6. Voltigeur in Winteruniform (1809–1810). – 7. Füsilier (1807). – 8. Trommler der Füsiliere (1809). – 9., 10. und 11. Tschakos 1804, 1806, 1810.

1
2
3
4
5
7
8
9
10
11

An den Rabatten, Ärmelaufschlägen und Kragen	1. und 5. Regiment
An den Rabatten und Ärmelaufschlägen	2. und 6. Regiment
An den Rabatten und am Kragen	3. und 7. Regiment
An den Ärmelaufschlägen und am Kragen	4. und 8. Regiment

Als Abzeichenfarben wurden getragen:

1. Gruppe	Regimenter Nr. 1– 8	Kaisergrün
2. Gruppe	Regimenter Nr. 9– 16	Schwarz
3. Gruppe	Regimenter Nr. 17– 24	Scharlachrot
4. Gruppe	Regimenter Nr. 25– 32	Dunkelorange
5. Gruppe	Regimenter Nr. 33– 40	Violett
6. Gruppe	Regimenter Nr. 41– 48	Himmelblau
7. Gruppe	Regimenter Nr. 49– 56	Rosa
8. Gruppe	Regimenter Nr. 57– 64	Hochorange
9. Gruppe	Regimenter Nr. 65– 72	Dunkelblau
10. Gruppe	Regimenter Nr. 73– 80	Jonquillengelb
11. Gruppe	Regimenter Nr. 81– 88	Grasgrün
12. Gruppe	Regimenter Nr. 89– 96	Krapprot
13. Gruppe	Regimenter Nr. 97–104	Karmesinrot
14. Gruppe	Regimenter Nr. 105–112	Eisengrau

Nachdem man in Frankreich in einer einheimischen Pflanze einen Ersatz für das Indigo gefunden hatte, wurde das Dekret 1807 außer Kraft gesetzt.

Im Jahre 1812 wurde bei der Linien-Infanterie ein neuer Rockschnitt eingeführt: der Westen-Rock, der vorn bis zur Taille geschlossen wurde und so die Weste verdeckte. Die Rockschöße wurden um fast 22 cm verkürzt.

Grenadiere und Füsiliere trugen scharlachrote Kragen mit blauer Paspel, die Voltigeure chamoisfarbene. Die weißen Rabatten waren mit scharlachroter Paspel eingefaßt; Ärmelaufschläge: scharlachrot mit weißer Paspel mit blauen Patten, die wiederum scharlachrot gepaspelt waren. Die längs (vertikal) angeordneten Taschenleisten waren mit scharlachroter Paspel eingefaßt. Bei den Füsilieren trugen die weißen Schoßumschläge, die auch weiß gepaspelt waren, als Schmuck ein »N« mit einer blauen Krone darüber, bei den Grenadieren eine rote Granate und bei den Voltigeuren ein chamoisfarbenes Horn.

Bei den Füsilieren waren die Schulterklappen blau mit ro-

LINIEN-INFANTERIE (IV)

1. Adlerträger, Offizier (1815). – 2. Zweiter Adlerträger (1812). – 3. Füsilier (1812–1814). – 4. Korporal der Grenadiere, Marschanzug (1812). – 5. Korporal der Voltigeure (1812–1814). – 6. Offizier (1812). – 7. Bataillons-Bannerträger (1812). – 8. Offizier (1813). – 9. Voltigeur (1814). – 10. Grenadier (1813).

7
8
9
10
5
6
4
1
2
3
F. FUNCKEN

tem Rand, bei den Grenadieren scharlachfarben mit blauem Rand und bei den Voltigeuren chamoisfarben mit blauem Rand. Auch die Gamaschen wurden kürzer.

Füsiliere und Voltigeure trugen das gleiche Tschakomodell, nur war es bei den Voltigeuren mit gelben Dienstabzeichen und gelbem Stutz ausgestattet. Die Grenadiere trugen wie die Kavallerie einen höheren Tschako, mit roten Dienstabzeichen und einem Stutz in gleicher Farbe.

Der Pompon auf dem Tschako der Voltigeure war bei der 1. Kompanie dunkelgrün, bei der 2. Kompanie himmelblau, bei der 3. Kompanie hochorange (dunkelgelb) und bei der 4. Kompanie violett.

Zu Beginn des Kaiserreichs trugen die Fußsoldaten die Haare zum Zopf zusammengebunden; nur wenige trugen die Haare kurzgeschnitten »à la Titus«, wie zum Beispiel Napoleon, der diesem Haarschnitt den Spitznamen »der kleine Geschorene« verdankte. Die Zöpfe hatten oft eine erstaunliche Länge, und ihre Besitzer waren stolz darauf.

Im Jahre 1813 umfaßte die Linien-Infanterie 156 Regimenter, doch waren aus dem gleichen Grunde, den wir bereits bei der Leichten Infanterie nannten, 21 Nummern vakant.

An der Spitze der Defilees marschierten die Sappeure, die auf dem Kopf den dicken Kolpack trugen und vor dem Leib eine Schürze aus weißem Leder.

Mit der Zimmermannsaxt auf der Schulter eröffneten sie den Zug der »Kolonnen-Spitze«, das heißt des Tambour-Majors mit seinen Spielleuten, und hinter ihnen die Musiker. Diese Kohorte nahm die ganze Aufmerksamkeit der Obersten in Anspruch, die all ihre Phantasie aufboten, um aus ihrer lärmenden Truppe eine Attraktion zu machen.

Nach der »Großen Armee« mit ihren brillanten und schnellen Siegen kam das improvisierte Heer von 1809, das die Verluste aus dem Spanien-Krieg nur mühsam ausgleichen konnte. Und es ging weiter bergab; die Armee wurde die Armee »der zwanzig Nationen«, die in Rußland dahinschmolz. Schließlich wurde das junge Heer von 1813 aufgestellt, es war standhaft und tapfer, aber zu klein, um dem vereinten Angriff zahlenmäßig überlegener Feinde widerstehen zu können.

LINIEN-INFANTERIE (V)

1. und 2. Tschako-Bleche der Leichten Infanterie (1807 und 1812). – 3., 4. und 5. Schmucksymbole auf den Schoßumschlägen der Grenadiere, Voltigeure und Füsiliere (1812). – 6. und 7. Tschako-Bleche der Linien-Infanterie (1810 und 1812). – 8. und 9. Gewehrmodell mit dem Bajonett aus dem Jahr IX des Revolutionskalenders. – 10. Füsilier (1814). – 11. Grenadier (1814). – 12. Voltigeur (1814). – 13. Füsilier (1813–1814).

1
2
3
4
5
6
7
10
11
12
13
8
9
L.&F. FUNCKEN

Regimentsartillerie

In den Revolutionsjahren verfügte jedes Bataillon Infanterie über vier Stück Artillerie. 1795 wurde diese Zahl auf die Hälfte gekürzt. Da man die Kanonen bald für recht unnütz hielt, wurden sie trotz der Proteste der Fußsoldaten im Jahre 1803 ganz abgeschafft.

1809 erhielt jedes Regiment wieder zwei Geschütze. Diese Stücke, die von den Österreichern erbeutet worden waren, hatten das Kaliber 3 oder 5 [1]. Zu jedem gehörte ein Vorrat von 150 bis 200 Schuß Munition, und sie mußten von den Soldaten des Regiments, dem sie zugeordnet wurden (Korps von Davout, Masséna und Oudinot), bespannt und bedient werden. Die besten Offiziere und Soldaten stritten sich heftig um die Ehre, diese Artillerie zu bedienen. Sie bekamen Uniformen, die sie deutlich von den anderen Soldaten ihres Regiments abhoben.

Diese Artillerie bestand nur kurze Zeit. 1812 gab es sie nicht mehr.

1 Geschoßgewicht in Pfunden, nicht Durchmesser des Laufs.

REGIMENTSARTILLERIE UND OFFIZIERE DER LINIEN-INFANTERIE

1. Offizier im Überrock (1807). – 2. Offizier der Grenadiere (1812). – 3. Fahrer (1811). – 4. Kanonier (1811). – 5. Kanonier in Großer Uniform (1811). – 6. Offizier der Füsiliere (1809–1812). – 7. Offizier der Voltigeure (1809). – 8. Fahrer im Marschanzug (1811). – 9. Österreichische Dreipfünder.

7
8
6
9
5
1
2
3
4

Kavallerie

Die kaiserliche Kavallerie bestand aus Schwerer Reiterei (Kürassiere und Karabiniers), Linien-Reiterei (Dragoner und Lanciers) und Leichter Reiterei (Husaren und Jäger zu Pferde).

Kürassiere

Im Jahre 1804 gab es zwölf Kürassier-Regimenter. Da ihre Aufgabe besonders im Angriff lag, erhielten sie einen kugelsicheren Küraß und Helm. Der Küraß aus Eisenblech bestand aus zwei Teilen und bedeckte Brust und Rücken, wobei die beiden Teile durch kupferne Schulterbleche und einen Gürtel in Höhe der Taille zusammengehalten wurden. Der eiserne Helm, der dem Dragonerhelm nachgebildet war, besaß obenauf einen gelbkupfernen Kamm, der mit einem Puschel und einem schwarzen Roßschweif geschmückt war. Die Helmglocke war mit schwarzem Fell verbrämt, an dem ein scharlachroter Federbusch befestigt war. Im Laufe der Jahre gab es mehrere Helm- und Küraßtypen, deren Qualität gegen Ende des Kaiserreichs minderwertiger wurde.

Damit der Küraß nicht am Rock scheuerte, wurde er mit Polstern oder »Krausen« versehen, die aus weiß gerändertem, karmesinrotem Tuch gefertigt waren.

Die Regimenter trugen die folgenden Abzeichenfarben:

KÜRASSIERE (I)

1. 13. Regiment (1809). – 2. 11. Regiment (1804–1806). – 3. Stall-Anzug (1804). – 4. Trompeter des 8. Regiments (1804–1812). – 5. Höherer Offizier des 7. Regiments (1809). – 6. Offizier in Kleiner Uniform (1806). – 7. Trompeter des 12. Regiments (1804–1812).

	Kragen	Kragenpaspel	Ärmelaufschläge	Patten der Aufschläge	Paspel der Ärmelpatten	Schoßumschläge
1.	scharlachrot	blau	scharlachrot	scharlachrot		scharlachrot
2.	scharlachrot	blau	scharlachrot	blau	scharlachrot	scharlachrot
3.	scharlachrot	blau	blau	scharlachrot	scharlachrot	scharlachrot
4.	hochorange	blau	hochorange	hochorange		hochorange
5.	hochorange	blau	hochorange	blau	hochorange	hochorange
6.	hochorange	blau	blau	hochorange	hochorange	hochorange
7.	jonquillengelb	blau	jonquillengelb	jonquillengelb		jonquillengelb
8.	jonquillengelb	blau	jonquillengelb	blau	jonquillengelb	jonquillengelb
9.	jonquillengelb	blau	blau	jonquillengelb	jonquillengelb	jonquillengelb
10.	rosa	blau	rosa	rosa		rosa
11.	rosa	blau	rosa	blau	rosa	rosa
12.	rosa	blau	blau	rosa	rosa	rosa

7
6
5
1
2
4
3
L.F. Funcken

Der Kürassier war mit einem geraden Säbel und zwei Pistolen bewaffnet und seit 1812 zusätzlich noch mit einem Karabiner mit Bajonett (Dekret vom 25. Dezember 1811).

Unter dem Küraß trug der Reiter den königsblauen Westenrock, der mit blauen Granaten geschmückte Schoßumschläge in der Regimentsfarbe hatte sowie vertikale (in Längsrichtung) Taschenleisten und scharlachrote Fransenepauletten.

Die Kürassiere, in vertrautem Kreis auch »dicke Brüder« genannt, waren par excellence die Reiter des Kaiserreichs. Der Boden aller Schlachtfelder erzitterte unter dem rasenden Galopp ihrer wilden, tödlichen Attacken.

1814 schlugen sie bei Montmirail ein Korps von 30 000 Russen in einem Ansturm um ein Drittel zusammen und bei Waterloo fanden sie den Tod.

Im Jahre 1812 blieben die Abzeichenfarben dieselben, es kamen nur die der 1809 neu aufgestellten Regimenter Nr. 13 und 14 hinzu:

13. Regiment: Kragen weinrot mit blauer Paspel, Ärmelaufschläge weinrot mit weinroten Ärmelpatten, Schoßumschläge und -paspeln weinrot.

14. Regiment: desgleichen, mit Ausnahme der Ärmelpatten, die blau waren.

Die Pferdeausrüstung bestand aus Schabracke, Pistolenhalfterdecken[1] und Mantelsack in blauer Grundfarbe mit weißem Besatz. Im Jahre 1812 erschien auch die Regimentsnummer in weiß auf dem Mantelsack.

In den ersten Jahren waren die Trompeter höchst phantasievoll gekleidet. Im Jahre 1812 übernahmen sie die kaiserliche Livree ohne Küraß und Patronentasche.

Alle Reiter trugen Hosen aus Schaf- oder Wildleder und Stulpenstiefel; auf dem Marsch oder im Felde wurden jedoch Überhosen darüber getragen. Ihr Radmantel[2] war aus weißem, blau abgesteptem Tuch genäht.

1 Lederstücke, mit denen die Halfter (Taschen) der Sattelpistolen bedeckt wurden.

2 Weiter Reitermantel mit Regenkragen.

KÜRASSIERE (II)

1. und 2. Trompeter (1812). – 3. Brigadier des 1. Regiments in Marschuniform (1812). – 4. 9. Regiment (1812). – 5. Unteroffizier in Stallkleidung und Radmantel (1812). – 6. 14. Regiment, Kleine Uniform (1812).

1
2
3
4
5
6

Karabiniers

Im Jahre 1804 war die Uniform der Karabiniers noch die von 1791, ausgenommen die Pelzmütze, die nun 20 cm höher war. Ihr Name leitet sich von dem Karabiner ab, mit dem sie stets bewaffnet waren. Sie trugen einen Rock nach französischer Art mit Epauletten mit scharlachroten Fransen und weiß geränderten Innenstreifen. Sie waren in zwei Regimentern zusammengefaßt.

Napoleon, der diese »Grenadiere der Kavallerie« hochschätzte, machte 1806 seinen Bruder Louis zum Oberst-General ihres 1. Regiments und seinen Schwager Borghese zu ihrem Obersten.

Durch eine merkwürdige Laune machte er sie 1809 zu einer besonderen Art Kürassiere. Die alte – bescheidene – Uniform wurde durch einen weißen Rock ersetzt. Dazu kam ein Doppelküraß aus Stahl, der mit einer Kupferschicht bedeckt war, und ein Helm nach römischer Art. Von diesem besonders geformten Helm sind uns nur zwei Originalstücke erhalten geblieben, davon ist einer stark beschädigt. Er bestand aus einer Glocke aus gelbem Kupfer, an der ein Augen- und ein Nackenschirm aus Kupfer mit Nieten befestigt waren. Auf der Glocke saß ein gelbkupferner Kamm, der mit einer dicken Raupe aus rotem Roßhaar geschmückt war. Insgesamt wog der Helm fast zwei Kilogramm.

KARABINIERS (I)

1. Trompeter (1809–1810). – 2. 1808. – 3. 1805. – 4. Offizier (1805).

4
3
1
2

Im Jahre 1809 trugen die Karabiniers den weißen Westenrock mit der Abzeichenfarbe Himmelblau. Das Reglement von 1812 gibt eine genaue Beschreibung dieser Uniform. Danach hatte der Rock keine Rabatten, einen weiß vorgestoßenen, himmelblauen Kragen, himmelblaue Schoßumschläge, die in der gleichen Farbe gepaspelt und mit weißen Granaten geschmückt waren. Das 1. Regiment hatte rote Ärmelaufschläge mit weißer Paspel und blau eingefaßten Patten, während das 2. Regiment himmelblaue Ärmelaufschläge mit blauen Ärmelpatten hatte. Scharlachrote Fransenepauletten mit einem weißen Streifen boten den Schultern zusätzlichen Schutz.

Anstelle der Schaf- oder Wildlederhose konnte auch eine ungarische Hose oder eine Trikot-Reithose getragen werden. Anstelle der Pistolenhalfterkappen, der üblichen Pferdeausrüstung, benutzte man im Felde eine Halbschabracke[1] aus Schaffell.

Außer mit dem Karabiner waren die Karabiniers mit zwei Pistolen und dem Säbel der Schweren Kavallerie, dem Modell aus dem Jahr XI des Revolutionskalenders, bewaffnet.

Die Karabiniers fanden im verhängnisvollen Rußland-Feldzug fast alle den Tod. Es kamen von ihnen weniger als dreihundert nach Frankreich zurück.

1 Eine Art Pferdedecke, die den Sattel bedeckte und die Pistolenhalfter schützte.

KARABINIERS (II)

1. Major des 2. Regiments im Radmantel (1812). – 2. Schwadronschef des 2. Regiments in Kleiner Uniform (1812). – 3. Trompeter (1810). – 4. Trompeter (1812). – 5. 1. Regiment (1812). – 6. 2. Regiment (1812). – 7. Dienstanzug (1810). – 8. Oberst des 1. Regiments (1812).

6
8
7
5
1
2
3
4
L. & F. FUNCKEN

Dragoner

Im Jahre 1805 hatten die Dragoner den Kaiser in Deutschland tief enttäuscht: Sie verstanden es weder zu Fuß noch zu Pferd erfolgreich zu kämpfen. Offiziere hatten ihre geringe Kampfkraft verschuldet, denn die hatten das Exerzieren unbedacht kompliziert gemacht, um zu glänzen. Das hatte im Felde nur Durcheinander und Verwirrung zur Folge. Am 8. Oktober jedoch machten die Dragoner in Wertingen alles wieder wett: Schritt für Schritt eroberten sie alle Häuser des Dorfes und bereiteten so die Einnahme von Augsburg vor.

Napoleon war so sehr davon beeindruckt, daß er im folgenden Jahr ein Regiment Dragoner in seine berühmte Garde aufnahm[1].

Die Uniform hatte sich seit 1791 nicht verändert: Rock aus dunkelgrünem Tuch, Weste und Hose weiß.

Der kupferne Helm war rundherum mit Seehundfell verbrämt und trug auf dem Kamm einen schwarzen Roßschweif.

1812 bekamen die Dragoner einen Westenrock, ähnlich dem der Infanterie, aber grün. Jeweils eine Gruppe von sechs Regimentern trug eine Abzeichenfarbe: die Regimenter 1–6: scharlachrot, 7–12: karmesinrot, 13–18: dunkelrosa, 19–24: jonquillengelb, 25–30: hochorange.

Die Elite-Kompanien trugen als Kopfbedeckung den Kolpack und rote Fransenepauletten wie die Sappeure.

Bewaffnet war der Dragoner mit einem geraden Säbel, einer Pistole und einem Gewehr vom Modell 1777, das kürzer als das Infanteriegewehr war (1,41 m) und auf das man ein Bajonett aufpflanzen konnte.

Zu dieser Zeit war die alte Pferdeausrüstung, eine Pferdedecke und Pistolenhalfterdecken in grün mit weißem Besatz, durch die Halbschabracke aus weißem Schaffell mit einem Zackenrand in der Regimentsfarbe ersetzt worden.

1 Kaiserliche Garde siehe Band II.

DRAGONER ZU PFERDE

1. Trompeter des 10. Regiments (1804). – 2. Dragoner im Mantel. – 3. 13. Regiment (1804–1812). – 4. Offizier des 3. Regiments (1812). – 5. 17. Regiment (1812).

5
17
4
1
2
3

Die Dragoner wurden nach Spanien geschickt, wo sie große Erfahrung im Kriegshandwerk sammelten und sich einen solchen Ruf erwarben, daß man ihre Rückberufung nach Frankreich während der Katastrophen von 1814 als letzte Hoffnung für eine Wendung zum Besseren ansah.

Bei Nangis und Provins mußten die Invasoren unter der Wucht ihrer Angriffe zurückweichen, doch konnten ihre heroischen Anstrengungen den unerbittlichen Gang der Ereignisse nicht aufhalten.

Die dreißig Regimenter trugen folgende Abzeichenfarben:

DRAGONER ZU FUSS
(1804–1812)

1. Elite-Kompanie. – 2. 23. Regiment. – 3. 28. Regiment. – 4. 4. Regiment. – 5. Sappeur. – 6. Dragoner in Weste (1806). – 7. Trommler (1805). – 8. 1805. – 9. Offizier (1805).

	Ärmelaufschläge	Aufschlagspatten	Kragen	Rabatten	Schoßumschläge	Taschen
1.	scharlachrot	scharlachrot	scharlachrot	scharlachrot	scharlachrot	quer
2.	scharlachrot			scharlachrot	scharlachrot	quer
3.		scharlachrot	scharlachrot	scharlachrot	scharlachrot	quer
4.	scharlachrot	scharlachrot	scharlachrot	scharlachrot	scharlachrot	längs
5.	scharlachrot			scharlachrot	scharlachrot	längs
6.		scharlachrot	scharlachrot	scharlachrot	scharlachrot	längs
7.	karmesinrot	karmesinrot	karmesinrot	karmesinrot	karmesinrot	quer
8.	karmesinrot			karmesinrot	karmesinrot	quer
9.	karmesinrot		karmesinrot	karmesinrot	karmesinrot	quer
10.	karmesinrot	karmesinrot	karmesinrot	karmesinrot		längs
11.	karmesinrot			karmesinrot	karmesinrot	längs
12.		karmesinrot	karmesinrot	karmesinrot	karmesinrot	längs
13.	dunkelrosa	dunkelrosa	dunkelrosa	dunkelrosa	dunkelrosa	quer
14.	dunkelrosa			dunkelrosa	dunkelrosa	quer
15.		dunkelrosa	dunkelrosa	dunkelrosa	dunkelrosa	quer
16.	dunkelrosa	dunkelrosa	dunkelrosa	dunkelrosa	dunkelrosa	längs
17.	dunkelrosa			dunkelrosa	dunkelrosa	längs
18.		dunkelrosa	dunkelrosa	dunkelrosa	dunkelrosa	längs
19.	jonquillengelb	jonquillengelb	jonquillengelb	jonquillengelb	jonquillengelb	quer
20.	jonquillengelb			jonquillengelb	jonquillengelb	quer
21.		jonquillengelb		jonquillengelb	jonquillengelb	quer
22.	jonquillengelb	jonquillengelb	jonquillengelb	jonquillengelb	jonquillengelb	längs
23.	jonquillengelb			jonquillengelb	jonquillengelb	längs
24.		jonquillengelb	jonquillengelb	jonquillengelb	jonquillengelb	längs
25.	hochorange	hochorange	hochorange	hochorange	hochorange	quer
26.	hochorange			hochorange	hochorange	quer
27.		hochorange	hochorange	hochorange	hochorange	quer
28.	hochorange	hochorange	hochorange	hochorange	hochorange	längs
29.	hochorange			hochorange	hochorange	längs
30.		hochorange	hochorange	hochorange	hochorange	längs

1
2
3
4
5
6
7
8
9
L. & F.
FUNCKEN

Jäger zu Pferde

Im Jahre 1804 waren die Jäger zu Pferde 24 Regimenter stark, wovon jedoch das 17. und das 18. nicht bestanden. Später kamen sieben neue Regimenter hinzu.

Bis 1806 behielten die Jäger den Dolman nach Husarenart mit Pelzbesatz. Obgleich dieses Kleidungsstück aus der Mode war, war es doch sehr kleidsam, und ein besonders hartnäckiges Regiment trug es bis 1813.

Im Jahre 1806 wurde der Dolman durch den Überrock, einen Rock mit langen Schößen, ersetzt. Die Abzeichenfarben sind aus der nachstehenden Tabelle zu ersehen.

Die Regimenter 4, 5, 6 und 10 trugen eine Uniform nach Husarenart.

Als Kopfbedeckung wurde der Tschako aus schwarzem Leder mit rautenförmigem Blech und weißem Behänge getragen. Dazu war der Tschako mit einem Federbusch in der Farbe des Regiments geschmückt. Die Elite-Kompanien trugen den Kolpack mit Flügel und Federbusch in abstechender Farbe.

Die Bewaffnung bestand aus einem gekrümmten Säbel der Leichten Kavallerie (Modell des Jahres II), einem 1,11 m langen Karabiner und Pistolen (öfter eine als zwei).

Die grüne Schabracke mit weißem Besatz wurde während der Feldzüge durch ein Schaffell ersetzt.

JÄGER ZU PFERDE (I)

1. 4. Regiment (1804). – 2. Elite-Kompanie des 1. Regiments (1806). – 3. 13. Regiment (1806). – 4. Trompeter des 19. Regiments.

	Kragen	Ärmelaufschläge		Kragen	Ärmelaufschläge
1.	scharlachrot	scharlachrot	14.		orange
2.		scharlachrot	15.	orange	
3.	scharlachrot		16.	himmelblau	himmelblau
4.	jonquillengelb	jonquillengelb	17.	Unter der Republik aufgelöst	
5.		jonquillengelb	18.	Unter der Republik aufgelöst	
6.	jonquillengelb		19.	hochorange	hochorange
7.	rosa	rosa	20.		hochorange
8.		rosa	21.	hochorange	
9.	rosa		22.	dunkelorange	dunkelorange
10.	karmesinrot	karmesinrot	23.		dunkelorange
11.		karmesinrot	24.	jonquillengelb	dunkelorange
12.	karmesinrot		25.	krapprot	krapprot
13.	orange	orange	26.		krapprot

1
2
3
4
L.F.

Im Jahre 1808 kam ein Westenrock mit kurzen Schößen auf, der »Rock à la Kinski« genannt wurde.

Das berühmte Reglement von 1812, das darauf abzielte, die Uniformen der kaiserlichen Armee zu vereinheitlichen, verordnete den Jägern den Westenrock mit rechteckigen Rabatten, die ungarische Hose mit Tressenbesatz und die Überhose oder Reithose für die Feldzüge.

Der Tschako war von nun an auch für die Elite-Kompanien vorgeschrieben, die dennoch weiterhin den Kolpack trugen. Bei der Truppe unterschied sich der Tschako von Regiment zu Regiment in der Form und im Behänge. Die 31 Regimenter von 1812 unterschieden sich wie in der nachstehenden Tabelle aufgeführt.

Beim 31. Regiment waren Kragen, Ärmelaufschläge und Schoßspiegel chamoisfarben mit grünem Vorstoß. Es trug als Kopfbedeckung außerdem die Tschapka.

Die Jäger hatten als Leichte Reiter die Aufgabe, das Terrain aufzuklären, den Feind zu überwachen, dessen Vorhuten zu überrumpeln und die Transportkolonnen zu überfallen. Sie zögerten auch nicht, die feindlichen Karrees anzugreifen, und taten sich auf allen Schlachtfeldern hervor.

JÄGER ZU PFERDE (II)

1. Elite-Kompanie des 17. Regiments (1812). – 2. 16. Regiment (1812). – 3. Sappeur (1808). – 4. 1. Regiment (1812). – 5. 27. Regiment (1812). – 6. Trompeter (1810).

	Kragen	Kragenpaspel	Ärmelaufschläge	Aufschlagspaspel		Kragen	Kragenpaspel	Ärmelaufschläge	Aufschlagspaspel
1.	scharlachrot	grün	scharlachrot	grün	16.	himmelblau	grün	himmelblau	grün
2.	grün	scharlachrot	scharlachrot	grün	17.	grün	himmelblau	himmelblau	grün
3.	scharlachrot	grün	grün	scharlachrot	18.	himmelblau	grün	grün	himmelblau
4.	jonquillengelb	grün	jonquillengelb	grün	19.	hochorange	grün	hochorange	grün
5.	grün	jonquillengelb	jonquillengelb	grün	20.	grün	hochorange	hochorange	grün
6.	jonquillengelb	grün	grün	jonquillengelb	21.	hochorange	grün	grün	hochorange
7.	rosa	grün	rosa	grün	22.	dunkelorange	grün	dunkelorange	grün
8.	grün	rosa	rosa	grün	23.	dunkelorange	dunkelorange	dunkelorange	grün
9.	rosa	grün	grün	rosa	24.	dunkelorange	grün	grün	dunkelorange
10.	karmesinrot	grün	karmesinrot	grün	25.	krapprot	grün	krapprot	grün
11.	grün	karmesinrot	karmesinrot	grün	26.	grün	krapprot	krapprot	grün
12.	karmesinrot	grün	grün	karmesinrot	27.	krapprot	grün	grün	krapprot
13.	orange	grün	orange	grün	28.	amarantrot	grün	amarantrot	grün
14.	grün	orange	orange	grün	29.	grün	amarantrot	amarantrot	grün
15.	orange	grün	grün	orange	30.	amarantrot	grün	grün	amarantrot

5
6
3
1
2
4

Chevau-légers Lanciers

Die französischen Chevau-légers gab es in der kaiserlichen Armee erst sehr spät: sie wurden am 18. Juni 1811 gegründet.

Bei den ersten Kontakten mit den Kosaken hatte Napoleon festgestellt, daß ihre Waffe, die Lanze, in seiner Armee noch fehlte. Er hatte damals in Polen drei Regimenter Lanciers [1] ausgehoben und diese Neuerung danach auch in der französischen Armee eingeführt, indem er den Kürassieren sechs Regimenter Chevau-légers Lanciers beistellte. Die dafür erforderlichen Soldaten hatte er aus den Dragoner-Regimentern herausgezogen.

Die so in die Waffengattungen der Großen Armee aufgenommene Lanze war 2,75 m lang.

Neben der Lanze war der Reiter mit dem Säbel der Leichten Kavallerie, einer Pistole und einem Karabiner bewaffnet; das war für ihn eine schwere und sperrige Last, so daß er entweder seine Lanze oder seinen Karabiner bei der ersten sich bietenden Gelegenheit fortwarf.

Als Uniform trug der Lancier einen dunkelgrünen Westenrock mit Taschenpatten »à la Soubise«.

Kragen, Rabatten, Ärmelaufschläge und Schoßspiegel waren in den Abzeichenfarben gehalten: Scharlachrot beim ersten Regiment, Hochorange beim zweiten, Rosa beim dritten, Karmesinrot beim vierten, Himmelblau beim fünften und Krapprot beim sechsten.

1 Die polnischen Lanciers werden in einem besonderen Kapitel im 2. Band behandelt.

CHEVAU-LÉGERS (I)

1. 5. Regiment. – 2. Trompeter des 3. Regiments (1812).

2
1
L.F.

Der Kragen war mit einer grünen Paspel vorgestoßen, während die Epauletten und die Taschenpatten in der Abzeichenfarbe jedes Regiments gepaspelt waren. Ein grüner Adler schmückte die Schoßumschläge. Die Elite-Kompanien trugen rote Epauletten.

Die ungarische Hose war grün und mit Tressen verziert. Während des Feldzuges trugen die Chevau-légers eine grüne Reithose mit Lederbesatz in Litzen in der Abzeichenfarbe.

Der Kopf wurde von einem Dragonerhelm geschützt, den eine schwarze Raupe krönte. Bei den Trompetern war die Helmraupe weiß. Leichte Reiterstiefel mit gelbem Besatz vervollständigten die Uniform.

Die Pferdeausrüstung bestand aus einer Schaffell-Schabracke, die mit einem Zackenrand aus Tuch in der Abzeichenfarbe eingefaßt war.

Wie bei den meisten anderen Waffengattungen trugen die Offiziere die gleiche Uniform wie die Truppe. Sie war jedoch aus feinerem Tuch und mit Goldtressen besetzt. Golden waren die Epauletten, das Säbelkoppel, der Stiefelbesatz und der Schabrackenrand.

Die eleganten Chevau-légers, die erst in schlechten Tagen aufgestellt worden waren, gingen mit dem Rußland-Feldzug in die Legende ein und fanden ihr Ende bei Waterloo, als sie zusammen mit den Kürassieren frenetische, verzweifelte und unnütze Angriffe ritten mit dem Ruf »Es lebe der Kaiser!«

CHEVAU-LÉGERS (II)

1. 5. Regiment. – 2. 6. Regiment. – 3. Major (1812). – 4. Trompeter des 5. Regiments (1811). – 5. Trompeter des 3. Regiments (1812).

4
5
3
L.F.
1
2

Gendarmerie

Die Organisation der Gendarmerie[1] bekam ihre militärische Festigkeit zwischen 1808 und 1814 in Spanien und begründete dort ihren Ruhm. Die »kleine Gendarmerie von Spanien« lieferte dort manches Beispiel für ihren Mut.

Im Jahre 1814 kehrte sie nach Frankreich zurück, um der alten Armee Beistand zu leisten, die den Einmarsch der Verbündeten aufzuhalten versuchte. Gleich den Dragonern zeichnete sich die Gendarmerie bei Nangis aus und später auch bei Montereau.

Die Gendarmen trugen den Zweispitz mit Silberborte. Ihr blauer Uniformrock hatte einen roten Kragen, rote Rabatten, Schoßumschläge und Ärmelaufschlagpatten. Die roten Epauletten waren mit weißer Schnur eingefaßt. Weste und Hose waren aus gelbem Leder. Die Reiter trugen Dragonerstiefel, die Männer zu Fuß schwarze Gamaschen.

Die Bewaffnung bestand aus einem Säbel der Leichten Kavallerie und einem Karabiner. Die Pferdeausrüstung ähnelte der Ausrüstung der Kürassierpferde.

Um die Guerrillero-Banden besser bekämpfen zu können, stellte Marschall Suchet eine Schwadron Lancier-Gendarmen auf. Sie trugen einen blauen Frack nach Husarenart mit blauen Rabatten und scharlachroten Ärmelaufschlägen, Schoßumschlägen und Kragen, dazu links weiße Achselschnüre. Die Husarenweste war rot, und die blaue Hose nach ungarischer Art war mit weißen Tressen besetzt. Den weiß gerandeten Tschako krönte ein roter Stutz.

Die Gendarmerie in Frankreich trug einen blauen Rock mit rotem Kragen und roten Rabatten, blauen Ärmelaufschlägen und Aufschlagspatten mit roter Einfassung und roten Schoßumschlägen mit blauer Granate. Links hatte der Rock weiße Achselschnüre.

Dieses Korps hatte die Aufgabe, dienstunwillige Armeeangehörige einzufangen; von denen gab es von Jahr zu Jahr mehr, sie versuchten, sich auf den Feldzügen zu verdrücken.

1 Die Elite-Gendarmerie der kaiserlichen Garde wird in Band 2 behandelt.

GENDARMERIE

1. Gendarm zu Fuß (1810). – 2. Gendarm bei den Linien-Truppen (1810). – 3. Gendarm der Spanien-Armee (1810). – 4. Lancier-Gendarm (Spanien, 1813).

1
2
3
4
&F. FUNCKEN

Husaren

Die Husaren-Regimenter, von denen es 1793 noch 13 gab, wurden allmählich abgebaut. So gab es 1799 noch zwölf Regimenter, 1803 nur noch zehn. Mit ihrem Pelz, dem Dolman und der Säbeltasche waren die Husaren die prächtigsten Reiter des Kaiserreichs. Ihre Regimenter wetteiferten um die höchste Eleganz und boten dem Auge, mehr noch als alle anderen, das glänzendste Schauspiel.

Gerade der Glanz ihrer Uniform verpflichtete sie, sich selbst zu übertreffen, verbot ihnen, irgendwer zu sein. So galoppierten sie von Heldentat zu Heldentat in Feindesland, ohne Rivalen zu haben, unternahmen ferne Streifzüge und kümmerten sich nicht um ihre rückwärtigen Verbindungen.

Als Kopfbedeckung trugen die Husaren 1804 einen schwarzen Tschako mit weißen Behängen und einem Stutz in der Abzeichenfarbe. Ihre an den Schläfen zu dicken Zöpfen geflochtenen Haare sollten einen Schutz gegen Schläge mit der blanken Waffe bilden.

Bewaffnet waren die Husaren mit einem Säbel, Modell des Jahres IV, und dem Karabiner von 1786.

Farben im Jahre 1804:

HUSAREN (I)

1.–12. Lagermützen der Regimenter 1–12. – 13. Patronentasche mit Bandelier. – 14. Husarensattel mit Schabracke (1812). – 15. Bandelier mit Karabinerhaken. – 16. 8. Regiment (1804–1806). – 17. 1. Regiment (1807). – 18. 11. Regiment, Große Uniform (1810). – 19. 8. Regiment, Uniform für den Winterfeldzug (1809).

HUSAREN (II – Seiten 66–67)

1. Trompeter des 1. Regiments (1807). – 2. Trompeter des 7. Regiments (1807). – 3. 10. Regiment (1806). – 4. 1. Regiment (1808). – 5. 4. Regiment (1815). – 6. 12. Regiment (1813). – 7. 11. Regiment (1810). – 8. 2. Regiment (1812). – 9. 6. Regiment (1807). – 10. 3. Regiment (1810). – 11. 7. Regiment, Elite-Kompanie (1808). – 12. 5. Regiment (1808). – 13. 8. Regiment (1809). – 14. 9. Regiment (1810).

	Pelz	Dolman	Weste	Hose	Ärmelaufschläge	Knöpfe
1.	himmelblau	himmelblau	scharlachrot	himmelblau	scharlachrot	weiß
2.	kastanienbraun	kastanienbraun	himmelblau	himmelblau	himmelblau	weiß
3.	silbergrau	silbergrau	silbergrau	silbergrau	scharlachrot	weiß
4.	scharlachrot	königsblau	weiß	königsblau	scharlachrot	gelb
5.	weiß	himmelblau	himmelblau	himmelblau	weiß	gelb
6.	königsblau	scharlachrot	scharlachrot	königsblau	scharlachrot	gelb
7.	mit Pelz umrandet	dunkelgrün mit scharlachrotem Kragen	scharlachrot	scharlachrot	scharlachrot	gelb
8.	dunkelgrün	dunkelgrün mit scharlachrotem Kragen	scharlachrot	scharlachrot	scharlachrot	weiß
9.	scharlachrot	scharlachrot mit himmelblauem Kragen	scharlachrot	scharlachrot	scharlachrot	gelb
10.	himmelblau	himmelblau mit scharlachrotem Kragen	scharlachrot	himmelblau	scharlachrot	weiß

2
3
4
5
6
7
8
9
10
11
12
16
17
18
19
10
13
14
15
FUNCKEN.

1
8
3
2
4
L. & F. FUNCKEN.

10
11
12
13
14
9
7
5
6

Im Jahre 1810 wurde aus dem holländischen Husaren-Regiment das 11. Husaren-Regiment aufgestellt; es war das einzige, dessen Dolman mit weißem Schaffell besetzt war. Die Elite-Kompanie dieses Regiments war auch die einzige, die einen Kolpack aus weißem Bärenfell trug.

Im gleichen Jahr wurde in Spanien aus den Schwadronen des 9. Husaren-Regiments, dessen Uniform es beibehielt, ein zwölftes Regiment aufgestellt, das die Bezeichnung Husaren-Regiment 9a erhielt.

Abzeichenfarben im Jahre 1812:

	Pelz	Tressen u. Borten	Dolman	Kragen	Ärmelaufschläge
1.	himmelblau	weiß	himmelblau	himmelblau	rot
2.	kastanienbraun	weiß	kastanienbraun	kastanienbraun	himmelblau
3.	silbergrau	rot	silbergrau	silbergrau	rot
4.	scharlachrot	gelb	kaiserblau	kaiserblau	scharlachrot
5.	weiß	zitronengelb	himmelblau	himmelblau	weiß
6.	kaiserblau	gelb	scharlachrot	scharlachrot	scharlachrot
7.	dunkelgrün	gelb	dunkelgrün	scharlachrot	scharlachrot
8.	dunkelgrün	weiß	dunkelgrün	scharlachrot	scharlachrot
9.	himmelblau	gelb	scharlachrot	himmelblau	himmelblau
10.	himmelblau	weiß	himmelblau	scharlachrot	scharlachrot
11.	kaiserblau	gelb	kaiserblau	scharlachrot	scharlachrot
	Hose	**Weste**	**Knöpfe**	**Schärpe**	
1.	grün	scharlachrot	weiß	karmesinrot und weiß	
2.	himmelblau	himmelblau	weiß	karmesinrot und weiß	
3.	silbergrau	silbergrau	weiß	karmesinrot und weiß	
4.	kaiserblau	kaiserblau	gelb	karmesinrot und gelb	
5.	himmelblau	himmelblau	gelb	karmesinrot und gelb	
6.	kaiserblau	scharlachrot	gelb	karmesinrot und gelb	
7.	scharlachrot	scharlachrot	gelb	karmesinrot und gelb	
8.	scharlachrot	scharlachrot	weiß	karmesinrot und weiß	
9.	hellblau	hellblau	gelb	karmesinrot und gelb	
10.	himmelblau	scharlachrot	weiß	karmesinrot und weiß	
11.	kaiserblau	scharlachrot	gelb	karmesinrot und gelb	

Wegen ihrer Tollkühnheit und Verwegenheit lichteten die Reihen der Husaren sich schnell. So zählte das 10. Regiment, dem am Tage vor der Schlacht von Lützen (1813) vom Kaiser 25 Kreuze der Ehrenlegion verliehen worden waren, beim Appell am Abend nach der Schlacht nur noch fünf der neu Dekorierten in seinen Reihen!

HUSAREN (III)

1. 8. Regiment (1812). – 2. 1. Regiment (1815). – 3. 8. Regiment (1812). – 4. Standartenträger des 8. Regiments (1814). – 5. Trompeter des 8. Regiments (1812). – 6. Trompeter des 1. Regiments (1815).

4
5
6
3
1
2

Artillerie

Die napoleonische Artillerie verfügte über Geschütze von 4, von 8 und von 12 Pfund (Geschoßgewicht) und Haubitzen von 6 Zoll. Es handelte sich, von wenigen Änderungen abgesehen, um die Artillerie, die der Ingenieur Gribeauval im Jahre 1776 aufgestellt hatte.

Die von den Kanonen abgefeuerten Geschosse waren massive gußeiserne Kugeln, die bei Prallschüssen ebenso gefährlich waren wie bei Volltreffern. Die wirksame Reichweite betrug je nach Kaliber 500 bis 900 Meter, jedoch erwies sich das 4-Pfünder-Geschütz auch noch bei einer Entfernung von 1250 Metern als gefährlich und das 12-Pfünder-Geschütz bis zu 1800 Metern.

Wenn der Feind recht nahe war, benutzten die Artilleristen einen anderen Geschoßtyp: die Kartätschenkugel, deren Kugeln sich streuen wie eine aus einem Jagdgewehr abgefeuerte Schrotladung.

Die Kugel war immer auf den Spiegel aufgesetzt, das heißt an einem zylinderförmigen Holz-»Spiegel« festgemacht. Diesen schob man in einen Sergebeutel, der die mit Pulver gefüllte Kartusche enthielt.

Wollte man feuern, wurde diese Art Kartusche in die Mündung des Rohrs gesteckt, mit dem Ansetzkolben nach unten geschoben und mit Stroh verdämmt. Durch das Brandloch, das zur Zündung zum Stoßboden hin offen war, wurde die Kartusche mit der Kartuschnadel aufgestochen, so daß das Pulver in den Stoßboden fiel. Nun wurde die Lunte in das Brandloch gesteckt und in Brand gesetzt.

ARTILLERIE ZU FUSS

1. Artillerist (1812). – 2. Kleine Uniform (1809). – 3. Offizier (1812). – 4. Artillerist (1812). – 5. Trommler (1812). – 6. Trommler (1810). – 7. Artillerist (1806). – 8. Leutnant (1811). – 9. Oberst (1806). – 10. Artillerist (1806).

8
9
10
7
2
1
3
4
5
6
L. F.

Zum Bedienen eines Geschützes benötigte man je nach Kaliber 8 bis 15 Leute.

Die Munition wurde in Munitionswagen transportiert, die zwischen 48 und 100 Kugelkartuschen und 20 bis 50 Kartätschen laden konnten. Je nach Kaliber des Geschützes wurden zwei bis fünf Munitionswagen mitgeführt.

Außerdem verfügte jede Kanone über einen Lafettenkasten, in dem 9 bis 18 Kugelkartuschen lagen, so daß man für alle Fälle etwas Munition hatte, bis die Munitionswagen nachkamen.

Mit der Haubitze wurden hohle, kugelförmige Geschosse abgefeuert, die mit Pulver gefüllt und einer Rakete bestückt waren, von deren Länge es abhing, ob das Geschoß am Boden oder in der Luft explodierte. Diese Granaten waren besonders nützlich, wenn man Häuser, die der Feind in kleine Festungen verwandelt hatte, in Brand schießen und zerstören wollte. All diese Artillerie konnte einen bis zwei Schüsse in der Minute abfeuern.

Neben diesem beweglichen Gerät gab es die Festungs- und die Küstenartillerie, die über Kaliber von 10 bis 12 Zoll verfügte.

Die Feldartillerie wurde von Pferden gezogen, die von Soldaten des Trains geführt wurden. Je vier Pferde wurden vor ein Geschütz gespannt.

Die Soldaten des Artillerie-Trains bildeten ein von anderen abhängiges passives Korps, das den Schlachten eher beiwohnte als an ihnen beteiligt war.

ARTILLERIE UND ARTILLERIE-TRAIN

1. Artillerie-Offizier (1806). – 2. Munitionswagen und Train (1804–1806). – 3. Geschütz und Train (1813). – 4. Artillerie-Trompeter (1806). – 5. Artillerist (1806).

1
2
3
4
5

Die stoische Ruhe, mit der diese Soldaten der Gefahr begegneten, brachte ihnen den Ruf von Tapferkeit ein, der ihnen sicher zukam.

Sie trugen 1806 einen eisengrauen Rock mit blauen Rabatten und Ärmelaufschlägen sowie blauem Kragen, dazu einen schwarzen Tschako mit weißem, rautenförmigem Blech.

Gegen Ende des Kaiserreichs bildeten sie 26 Bataillone. Napoleon, der niemals so viele Kanonen zur Verfügung hatte wie ihm wünschenswert schien, bemühte sich stets nach Kräften, diese Artillerie zu verstärken. Sie sollte einen Ausgleich schaffen für den sinkenden Wert seiner Infanterie, die in den rasch aufeinander folgenden Feldzügen immer mehr erfahrene Soldaten verlor.

In der letzten Zeit des Kaiserreichs umfaßte die Artillerie 300 Kompanien[1], die jeweils sechs oder acht Geschütze führten. Sie verteilten sich auf die neun Regimenter zu Fuß und die sechs Regimenter zu Pferd.

Alle diese Soldaten bewiesen beispielhafte Disziplin und großen Mut. Sie ließen sich lieber an ihren Geschützen töten als daß sie sich ergaben.

Ihre Uniform war ein blauer Rock. Kragen, Ärmelaufschläge und Rabatten waren ebenfalls blau, aber rot eingefaßt, die Schoßumschläge rot. Weste und Hose waren aus blauem Tuch, dazu trugen sie schwarze Gamaschen. Der Tschako war mit Pompon, Randstreifen und Behängen in Rot ge-

REITENDE ARTILLERIE

1. 1805. – 2. 1812. – 3. 1812. – 4. 1810.

1 Ohne die Artillerie der Garde. Siehe Band II.

3
4
1
2
L. F.

schmückt. Der Artillerist zu Fuß trug als Waffe ein kurzes Gewehr mit Bajonett, das er am Riemen über den Tornister hängte, wenn er die Geschütze bedienen mußte. Ein Seitengewehr oder Schwert, Artillerie-Säbel genannt, vervollständigte die Bewaffnung, die nur zur persönlichen Verteidigung dienen sollte.

Der Reitende Artillerist war mit den Waffen der Leichten Reiterei ausgerüstet. Vor 1812 trug er eine Uniform, die den Husaren nachgebildet war, in blauer Grundfarbe mit roten Besätzen. Während der letzten Feldzüge trug er den blauen Westenrock mit scharlachroten Ärmelaufschlägen und Schoßumschlägen sowie blauem Kragen und blauen Rabatten. Als Kopfbedeckung hatte er einen Tschako mit scharlachrotem Pompon und an den Füßen trug er Stiefel.

Es erscheint uns interessant zu beschreiben, in welchen Farben die Kanonen, mit Ausnahme der Beschläge (schwarz), gestrichen waren. Der irreführende Ausdruck Artillerie-»Dunkelgrün« bezeichnete nicht ein Flaschengrün, wie man allgemein annimmt, sondern es war damit eine eher schmutziggelbe als grüne Olivtönung gemeint, die man durch das Mischen von gelbem Ocker mit einem »Stich« Schwarz erzielte. Man mischte damals im Verhältnis 2500 Gramm Gelbocker auf 30 Gramm schwarze Farbe[1].

1 Diese Zahlen hat uns Herr Jean Boudriot freundlicherweise zur Verfügung gestellt.

ARTILLERIE UND WAGEN-TRAIN

1. Reitender Artillerist (1804). – 2. Reitender Artillerist im Mantel (1812). – 3. Haubitze mit 6 Zoll Kaliber. – 4. Artillerie-Leutnant zu Fuß (1811). – 5. Reitender Artillerie-Unteroffizier (1806). – 6. Artillerie-Train (1813). – 7. 4-Pfünder. – 8. Artillerie-Train (1813). – 9. Artillerie-Train (1806). – 10. Trompeter des Artillerie-Trains (1812). – 11. Trompeter der Reitenden Artillerie (1812). – 12. Kanonier der Küstenwacht (1809). – 13. Kanonier der Küstenwacht (1812).

1
2
3
4
5
6
7
8
9
10
11
12
13

Sanitätswesen

Von allen Nebeneinrichtungen der napoleonischen Armeen war das Sanitätswesen mit am schlechtesten organisiert.

Nur durch die Hingabe und Selbstverleugnung des Sanitätspersonals konnte das Schicksal der Unglücklichen, mit denen die Schlachtfelder übersät waren, ein wenig gebessert werden. Der berühmte Militärarzt Larrey – er hatte schon 1797 die »fliegende« Ambulanz eingeführt – kämpfte verbissen gegen die Gleichgültigkeit, die ein alter, verwundeter Grenadier so beschrieb: »Ich weiß wohl, daß man sich um uns nicht mehr kümmert, wenn wir verwundet sind. Nun, dann töte man uns doch, damit es ein Ende hat.«

Die Militärärzte waren meist unfähige Leute, und ihre Reihen wurden noch gefüllt mit jungen Herren von Stand, die darin einen Weg sahen, um der Aushebung zu entgehen.

In den Augen eines Larrey oder eines Percy, die von der Bedeutung und der Würde ihres Berufes tief überzeugt waren, hatten Freund und Feind ein Recht auf Hilfe.

Die Anekdote, die der General Baron de Marbot in seinen »Erinnerungen« erzählt, gibt eine genaue Vorstellung, wie man damals dachte. Die Leiche des bei Austerlitz gefallenen Generals Morland war, da man sie nicht einbalsamieren konnte, in ein Faß Rum gelegt und seiner Familie zugeschickt worden, die ihm ein Grabmal errichten wollte. Die Leiche lag bis 1814 in ihrer Tonne, in einem Raum der Akademie der Wissenschaften. Als aber eine Daube brach, bemerkte man überrascht, daß ihm durch den Rum, der die Leiche tadellos erhalten hatte, ein riesiger Schnurrbart gewachsen war. Der Wissenschaftler, der die erstaunliche Entdeckung gemacht hatte, stellte nun sein »Beweisstück« Scharen von Neugierigen vor, und die Familie mußte einen Prozeß anstrengen, damit ihr die Leiche des wackeren Soldaten herausgegeben wurde!

General Marbot schloß so: »Liebt also den Ruhm und laßt euch töten, damit ein Naturwissenschaftler euch dann in seiner Bibliothek zwischen dem Horn eines Rhinozeros und einem ausgestopften Krokodil ausstellt!«

SANITÄTSWESEN

1. Krankenpfleger in Feldkleidung (1812). – 2. Arzt im Marschanzug (1814). – 3. Krankenpfleger (1812). – 4. Sanitätsoffizier. – 5. Pfleger mit zerlegbarer Tragbahre. – 6. Larreys »fliegende« Ambulanz (1805).

6
5
4
2
3
1

Pontoniere – Pioniere

Man kann die Pontoniere nicht nennen, ohne daß sogleich die tragischen Bilder vom Übergang über die Beresina heraufbeschworen werden, wo sich diese namenlosen Soldaten, die bei allen napoleonischen Feldzügen immer wieder herhalten mußten, ganz besonders auszeichneten.

Sie trugen die Uniform der Artillerie, der sie zugeordnet waren.

Die Mineure, die auch aus der Artillerie hervorgegangen waren, wurden 1793 auf Vorschlag Carnots in das Pionier-Korps eingegliedert. Carnot hatte die vierzehn Armeen der Republik aufgestellt. Durch kaiserliches Dekret wurde die Zahl der Mineur-Kompanien auf 16 erhöht. Sie wurden in zwei Bataillonen zusammengefaßt.

So klein ihre Zahl auch war, verstanden es die Mineure, durch rastlosen Einsatz und Einfallsreichtum den Mangel an Leuten auszugleichen. Der Spanienkrieg bot ihnen viele Gelegenheiten, ihren Wert und ihre Entschlossenheit unter Beweis zu stellen, besonders bei der Belagerung von Saragossa (1808–1809).

Obschon beide die gleiche Uniform trugen, bildeten die Sappeure und Mineure im Pionier-Korps doch getrennte Abteilungen. Im Jahre 1813 zählten sie fünf Bataillone.

Die Uniform bestand aus einem blauen Rock mit schwarzem Samtkragen und schwarzen Samt-Rabatten, -Ärmelaufschlägen und -Aufschlagspatten. Dazu wurde der Tschako der Infanterie getragen. Während der Belagerungen trugen die Sappeure einen verstärkten Helm und einen verstärkten Küraß in schwarzer Farbe.

Durch kaiserliches Dekret von 1810 wurde eine Pionier-Kompanie geschaffen, die der Garde[1] zugeordnet wurde.

1 Siehe Band II.

PIONIERE, PIONIER-TRAIN UND VERSCHIEDENE

1. Pionier-Sappeur (1809). – 2. Pionier-Offizier (1805). – 3. Sappeur (1808). – 4. Wagen-Train. – 5. Pionier-Train (1806). – 6. Marine-Infanterie (1810). – 7. Veteran (1806). – 8. Marine-Handwerker (1812). – 9. Angehöriger der Verwaltung (1812). – 10. Zöllner (1814).

1
2
3
4
5
6
7
8
9
10

Der Pionier-Train war im Jahre 1806 geschaffen worden. Der Wagen-Train wurde 1807 aufgestellt und wurde ein vorteilhafter Ersatz für die Zivilunternehmer, die die Armee zu häufig nicht mit den tausend Dingen versorgten, die sie zu ihrem Unterhalt brauchte.

Neben diesen Einheiten, die außerhalb der Fachkreise kaum bekannt waren, gab es noch eine Menge anderer, von denen man noch weniger weiß. Aber wir möchten sie hier nennen, besonders die Veterinäre im blauen, weiß abgesteppten Tuchrock, der Lederhose und den Husarenstiefeln.

Dann gab es noch die Verwaltungsleute und das militärische Zollkorps, deren Männer in den letzten Kriegen vielerlei Dienste leisteten, nachdem sie provisorisch in Bataillonen organisiert und unter den Befehl von Generalen gestellt worden waren, die an den Grenzen Frankreichs befehligten.

Ebensowenig bekannt sind die Pulver- und Salpeter-Abteilungen und die Militärpost mit ihren Postillionen im kaisergrünen Tuchrock.

Die alten, verbrauchten Soldaten, die für den Dienst im Felde als zu schwach und untauglich erklärt worden waren, wurden in die Veteranen-Kompanien überstellt. Diese Männer, die nun nicht mehr nützlich und für den Staat eine Last waren, die aber doch zum Ruhm des Kaiserreiches beigetragen hatten, mußten zusehen, wie die Verwaltung das ihnen gewährte magere Budget von Tag zu Tag weiter kürzte.

Wir schließen diesen kurzen Überblick, indem wir als letzte die Infanterie und die Handwerker der Marine anführen, die 1812 von den Linien-Regimentern übernommen wurden.

VERSCHIEDENE WAFFEN

1. Karabiner, Modell 1786. – 2. Karabiner, Modell Jahr IX des Revolutionskalenders. – 3. Kavallerie-Pistole, Modell Jahr IX. – 4. Kavallerie-Pistole, Modell Jahr XIII. – 5. Kavallerie-Pistole, Modell 1777. – 6. Gewehr, Modell 1777, verbessert im Jahr IX. – 7. Infanterie-Seitengewehr, Modell Jahr XI. – 8. Säbel der Leichten Kavallerie. – 9. Säbel der Jäger. – 10. Säbel der Leichten Kavallerie, Modell des Jahres XI. – 11. Säbel, Modell Jahr IV. – 12. Säbel, Modell Jahr XI.

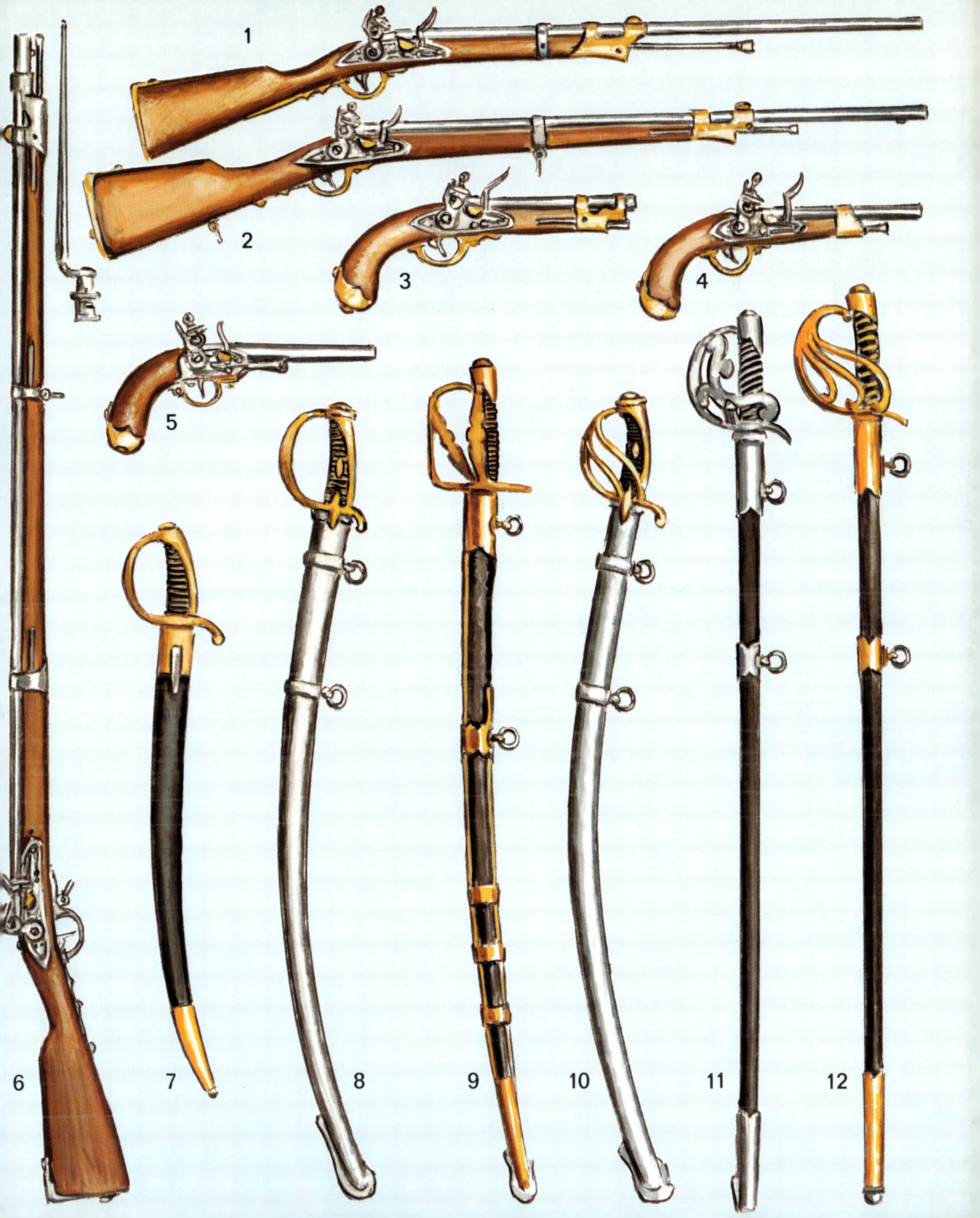
1
2
3
4
5
6
7
8
9
10
11
12

Die Militärschulen

Vor der Revolution gab es dreizehn Militärschulen, die auf verschiedene Provinzen des Königreichs verteilt waren. Hier wurden nur adlige Schüler aufgenommen. Unter der Republik wurden die Pforten der Schulen für alle Bürger geöffnet. Das hatte bald ein solches Chaos zur Folge, daß die Convention die Schulen mit Ausnahme von Auxerre schließen ließ.

Im Jahre 1794 gründete die Convention die Marsschule, deren Schüler in eine ganz ausgefallene Tracht im antiken Geschmack gesteckt wurden, die von David entworfen worden war. Die Schüler lebten spartanisch in Zelten. Soll ein Witz gut sein, sagt man, muß er kurz sein: dieser Scherz dauerte vier Monate.

Sechs Monate später wurde die Schule für öffentliche Arbeiten errichtet, die am 1. September 1795 den Namen Polytechnikum erhielt (Ecole polytechnique). Unter dem Kaiserreich wurde ein Gouverneur an ihre Spitze gestellt, die Schüler mußten ihre Ausstattung selbst stellen, für Kost und Unterbringung jährlich 800 Franken zahlen.

Im Jahre 1802 wurde die Militär-Sonderschule (Ecole spéciale militaire) in Fontainebleau eröffnet, die unter dem Kaiserreich dann nach Saint-Cyr verlegt wurde. Dort waren die Schüler in zwei Bataillonen zusammengefaßt und erhielten eine intensive militärische Ausbildung mit zusätzlichem Unterricht in Geographie, Geschichte, Zeichnen, Geometrie, Feldmeßkunst, sprachlichem Ausdruck, Reiten und ... Schwimmen. Eine zweite Militärschule, die nach dem gleichen Prinzip unterrichtete, wurde in La Flèche eröffnet.

Im Jahre 1809 ließ Napoleon die Kavallerie-Schule errichten, durch die reiche junge Leute für die Armee gewonnen werden sollten, indem man sie mit dem Reiten lockte. Die ausgebildeten Schüler wurden mit dem Rang eines Unter-Leutnants in die Kavallerie-Regimenter aufgenommen.

Die Schule wurde im Schloß von Saint-Germain untergebracht und blieb vier Jahre dort. Als dann die Bourbonen wieder an die Macht kamen, verlegten sie die Schule nach Saumur (Erlaß vom 23. Dezember 1814).

MILITÄRSCHULEN

1.–3. Schule von Saint-Germain (1809, 1811) und Elite-Kompanie (1811). – 4. Vorbereitungsschule (Prytaneum) von La Flèche (1814). – 5. und 6. Saint-Cyr (1809, 1813). – 7. Polytechnikum (1809). – 8. Schule von Fontainebleau (1804).

1
2
3
4
5
6
7
8
L.F.

Adler und Fahnen

Am 5. Dezember 1804 hatte Napoleon seinen Regimentern neue Standarten übergeben. Da auf der Spitze des Stocks ein Adler mit halb entfalteten Schwingen thronte, wurden sie »die Adler« genannt. Und diese Bezeichnung war um so zutreffender, als der Adler meist ohne das Fahnentuch, das bei der Regimentskasse blieb, getragen wurde.

Mit einem kaiserlichen Dekret vom 18. Februar 1808, das die Zusammensetzung der Regimenter der Leichten und der Linien-Infanterie betraf, wurden die Adlerträger eingeführt.

Jedem Regiment wurde ein Adler zugeteilt, der Standartenträger mußte wenigstens zehn Dienstjahre haben und bei Ulm, Austerlitz, Jena und Friedland mitgekämpft haben. Rechts und links neben dem 1. Adlerträger marschierten zwei Veteranen, die den Titel eines 2. und 3. Adlerträgers führten. Diese drei Soldaten konnten nur vom Kaiser selbst ernannt werden.

Um die Sicherheit des ehrwürdigen Emblems zu gewährleisten, waren der 2. und der 3. Adlerträger mit einer Hellebarde mit spitz zulaufender Klinge bewaffnet, an der ein rotes Fähnlein (2. Adlerträger) oder ein weißes Fähnlein (3. Adlerträger) hing. Außerdem führten sie je zwei Pistolen, die nach orientalischer Art in einem Etui vor der Brust steckten.

Die Bewachung der Fahne übernahmen gewöhnlich Füsiliere. Man zog sie den Grenadieren oder Voltigeuren vor, weil diese stets damit rechnen mußten, in einiger Entfernung vom Regiment zu Kämpfen eingesetzt zu werden.

Da der Kaiser befohlen hatte, daß der Adler stets dort zu sein habe, wo sich die meisten Bataillone befänden, waren die Füsilier- oder Zentrumskompanien, von denen es die meisten gab, am geeignetsten für diese Aufgabe.

ADLERTRÄGER UND BEIGEORDNETE

1. 2. Adlerträger. – 2. Adlerträger-Offizier. – 3. 3. Adlerträger. Mit dem kaiserlichen Dekret von 1808 war für diese Soldaten die Pelzmütze ohne Blech vorgeschrieben worden. Die Fahne stammt aus der Zeit der Hundert Tage.

1
2
3
L.&F. FUNCKEN

Berittene Musiker

Im Jahre 1802 hatte Napoleon, der damals Erster Konsul war, alle Kavallerie-Musik abgeschafft. Mit den so frei gewordenen Pferden konnten vier Regimenter aufgestellt werden, die in jener Zeit des Mangels sehr nützlich waren.

Sobald sich die Lage gebessert hatte, wurden die Militärmusiker wieder eingeführt. Unter dem Kaiserreich umfaßte eine Musikkapelle gewöhnlich 16 Trompeten, 6 Hörner, 3 Posaunen.

Bestimmte Regimenter, so die Husaren und die Karabiniers, besaßen darüber hinaus noch Pauken[1]. Außerdem gab es bei den Regimentern noch eine Musikgruppe, die nach dem Vorbild der Infanterie aufgebaut war, die aber nur bei feierlichen Anlässen spielte.

Oft trugen die Musiker einen Rock, bei dem die Farben ihres Regiments umgekehrt verwendet wurden, aber häufig bekamen sie auch eine ganz andere Tracht. Auch die Kopfbedeckungen wurden nach Belieben ausgewählt; es gab Kürassier-Trompeter, die den Kolpack trugen oder auch die weiße Pelzmütze, und andere, die den vorgeschriebenen weißen Roßschweif ihres Helms durch einen Karabinier-Helmbusch ersetzten.

Noch phantasievoller waren die Pauker gekleidet: Sie überboten einander mit sonderbarer, karnevalsmäßiger Kleidung.

1 Die Musik der Kaisergarde wird in einem besonderen Kapitel des 2. Bandes behandelt.

KAVALLERIE-MUSIKER

1. Fagottist der Dragoner (1808). – 2. Hornist der Husaren (1810). – 3. und 4. Posaunisten der Jäger zu Pferde (1806).

2
3
4
1

Zu den eigenartigsten Instrumenten, die die Militärmusiker verwendeten, gehörten das Fagott und das Serpent.

Das Fagott, das zu Beginn des 18. Jahrhunderts noch sehr primitiv gewesen war, erhielt um 1750 zusätzlich zu den beiden vorhandenen Klappen noch zwei weitere. Zehn Jahre später bekam es noch eine fünfte und wurde noch immer weiter verbessert, bis es nach dem Kaiserreich etwa die heutige Form und Beschaffenheit erhielt.

Noch sonderbarer war das Serpent oder Schlangenhorn, dessen weite, lange Röhre S-förmig gebogen war und wirklich an das Tier erinnerte, nach dem es benannt worden war.

Der Ursprung des Instruments geht auf die Mitte des 15. Jahrhunderts zurück. Damals diente es dazu, die Stimme des Vorsängers in der Kirche zu unterstützen. In der französischen Armee wurde das Serpent in der vorhandenen Form benutzt, in England aber wurde es verbessert und um 1800 aus Kupfer gebaut. Es bekam die Form eines Fagotts mit einem Schalltrichter, der einem Drachenkopf nachgebildet war. Man nannte es auch »basshorn«. Die Verbündeten brachten es 1815 mit nach Frankreich: Man nannte es englisches Serpent oder russisches Fagott.

Das Spielen des französischen Serpents wurde sehr ernsthaft mit Hilfe einer »Schule für Serpent« geübt, die Gossec[1] im Jahre 1799 verfaßt hatte.

1 Gossec (1734–1829): belgischer Komponist, der einer der Gründer des Pariser Nationalen Konservatoriums war.

PAUKER

1. der Dragoner (1807). – 2. der Husaren (1810). – 3. der Karabiniers. – 4. der Jäger zu Pferde.

4
3
2
1

ZWEITER TEIL

DIE BRITISCHE ARMEE

Generale und Infanterie

Unter den entschiedensten und erbittertsten Feinden des Kaisers der Franzosen nahmen die Briten sicherlich den allerersten Platz ein. Anfangs waren die revolutionären Reformen in England mit Optimismus und heiterer Herablassung gegenüber diesen exzentrischen Franzosen aufgenommen worden.

Die folgenden Ereignisse, besonders der Machtantritt des »korsischen Abenteurers« und seine Eroberungspolitik, belehrten die Briten bald eines Besseren und stürzten sie in eine der größten Krisen ihrer Geschichte.

Napoleons Pläne für eine Invasion Großbritanniens und die »Küstenarmee« riefen zunächst eine wahrhafte Panikwelle hervor. Doch faßten sich die Briten sehr schnell wieder: Unter dem Eindruck der Gefahr rüsteten sie sich wie ein Mann, dem Feind einen heißen Empfang zu bereiten. Nachdem Trafalgar jegliche Möglichkeit einer Landung hinweggefegt hatte, atmete England auf, aber nun war es sich endgültig der Gefahr bewußt geworden und bereitete sich auf einen gnadenlosen Kampf vor.

Bis zum Jahre 1800 war in der britischen Armee als Kopfbedeckung der Hut getragen worden. Nur einige Regimenter wie die Reitende Artillerie und die Grenadiere bildeten eine Ausnahme. Zu dieser Zeit führte die Infanterie den schwarzen Ledertschako österreichischer Machart ein, der den Beinamen »stovepipe« erhielt: das Ofenrohr. Ihn schmückte ein Federstutz in der Farbe der Kompanien; bei den Grenadieren war er weiß, bei der Leichten Infanterie grün und bei den übrigen rot-weiß.

Die Generale trugen eine scharlachrote, sehr knapp geschnittene und schmal machende Uniform. Die Rockschöße hatten schmale Umschläge. Die Rabatten waren gerade und

ENGLISCHE OFFIZIERE (I)

1. Generalleutnant (1808). – 2. Generalmajor (1810). – 3. Subaltern-Offizier (1812). – 4. Generalleutnant (1813). – 5. Sergeant (1807). – 6. Offizier der Leichten Infanterie (1807). – 7. Offizier der Linien-Infanterie (1807).

1
2
3
4
5
6
7

reichten bis zur Körpermitte herab oder sie bildeten spitze Aufschläge auf der Brust, wenn der Rock zweireihig geknöpft wurde. Um die Taille war eine karmesinrote Schärpe geschlungen: Die Infanterie-Offiziere banden sie auf der linken Seite, die anderen auf der rechten. Kragen, Rabatten, Ärmelaufschläge und Knopflöcher waren mit Goldborten geschmückt. Golden waren auch Epauletten und Quasten am Hut und an den kurzen Stiefeln der Leichten Kavallerie.

Obgleich Abweichungen nicht so häufig und nicht so weitgehend wie bei der französischen Armee waren, gab es doch zahlreiche Ausnahmen und Varianten.

In der Truppe wurden die Erlasse viel strenger beachtet. Bei der Infanterie war Rot die am häufigsten verwendete Grundfarbe. Der britische Fußsoldat trug als Kopfbedeckung den »stovepipe«, auf dessen breitem Kupferblech Nummer und Devise seines Regiments erschienen, dazu trug er den kurzschößigen Westenrock ohne Rabatten. Der Kragen, der vorn am Hals weit offen stand, die Ärmelaufschläge und die Schoßumschläge waren in der Regimentsfarbe.

Die Regimenter unterschieden sich auch dadurch, daß die Knöpfe in verschiedenen Abständen angeordnet waren und der Litzenbesatz der Knopflöcher an den Enden besonders geformt war.

Die Pelzmütze war den Grenadierkompanien vorbehalten. Die Leichten Kompanien hoben sich ab durch einen grünen Stutz und ein Horn auf jeder Epaulette. Mit allgemeiner Genugtuung wurde die Verfügung von 1808 aufgenommen, mit der die gepuderten Haare abgeschafft wurden.

Im Jahre 1809, während des Spanienkriegs, wurde das »Ofenrohr« durch ein anderes Tschakomodell ersetzt, das »Wellington-Tschako« genannt wurde. Es bestand aus schwarzem Filz und hatte ein Vorderschild, das 2,5 cm höher als der hintere Teil war. Das ovale Tschakoblech in barockem Stil war kleiner und trug meist den königlichen Namenszug und die Regimentsnummer. Vorn schmückte den Tschako eine Schnur, ein Woll- oder Federstutz ragte aus einer schwarzen Kokarde heraus. Diese Kopfbedeckung, die leichter und kleidsamer als das vorherige Modell war, stellte eben-

ENGLISCHE OFFIZIERE (II)

1. Generalmajor (1815). – 2. Generalleutnant (1815). – 3. Generalleutnant (1815). – 4. Generalmajor (1815). – 5. Wellington. – 6. Stabskavallerie (1815).

6
5
1
2
3
4

falls einen originellen Tschakotyp dar, der in mancher Beziehung einzigartig in allen damaligen Armeen war.

Die Grundeinheit bildete das Bataillon, das in zehn Kompanien unterteilt war, darunter zwei Flankenkompanien: eine Grenadierkompanie und eine leichte Tirailleurkompanie.

Das Bataillon umfaßte gewöhnlich 500 Mann, die sich gegenüber der feindlichen Infanterie in zwei hintereinander gestaffelten Reihen aufstellten, wobei die erste Reihe mit einem Bein niederkniete.

Die von einer solchen Kampflinie abgefeuerten Salven hatten eine ganz verheerende Wirkung und dies um so mehr, weil das englische Gewehr, die berühmte »Brown Bess«, Geschosse verwendete, die um ein Drittel schwerer als die französischen waren und ein größeres Kaliber hatten (19,3 mm).

Um den Angriffen der Kavallerie zu begegnen, stellte sich die britische Infanterie im Karree auf, bei dem jede Seite vier hintereinander gestaffelte Schützenreihen aufwies.

Die erste Reihe Soldaten kniete auch hier; die Männer stützten die Gewehrkolben auf den Boden und richteten ihre Bajonette schräg nach vorn in der Art der Pikeniere des vorangegangenen Jahrhunderts. Die zweite, aufrecht stehende Reihe verdoppelte diese erste stahlbestückte Reihe, so daß auf jeden Angreifer das beunruhigende Bündel von vier Bajonetten gerichtet war. Die beiden hinteren Reihen feuerten weiterhin ohne Übereilung ihre Salven ab, die trotz der zwanzig zum Laden notwendigen Handgriffe eine sehr wirksame Ergänzung darstellten.

Die Infanterie verdankte ihre hohe Schlagkraft weitgehend Arthur Wellesley, dem Herzog von Wellington (1769–1852).

Der »eiserne Herzog«, der in Eton und an der Militärakademie von Angers in Frankreich studiert hatte, war in Flandern 1794–1795 ein erprobter Heerführer geworden. Als der junge Generalmajor 1802 im Alter von 33 Jahren aus Indien zurückkehrte, mußte er sechs Jahre warten, bevor er auf den europäischen Schlachtfeldern seine Tüchtigkeit unter Beweis stellen und seine persönlichen Theorien in die Tat umsetzen konnte. Sicherlich waren die Umstände oft günstig für ihn, und seine hartnäckige Ausdauer gab vielleicht mehr den Aus-

ENGLISCHE
LINIEN-INFANTERIE

1. Leichte Kompanie des 5. Regiments (1815). – 2. 32. Regiment (1814–1815). – 3. Winter-Uniform (1812–1815). – 4. Offizier in Winter-Uniform (1812 bis 1815). – 5. Sappeur des 66. Regiments (1813). – 6. 23. Regiment (1815). – 7 69. Regiment (1812). – 8. Leichte Kompanie des 64. Regiments (1815).

1
2
3
4
5
6
7
8

schlag als seine Genialität; dennoch bleibt er vor der Geschichte der Besieger Napoleons.

Während der letzten Kriegsjahre des Kaiserreichs umfaßte die englische Infanterie die folgenden Regimenter:

ENGLISCHE LEICHTE INFANTERIE

1. Rifles Regiment, 60. Foot, mit dem Baker-Karabiner (1812). – 2. 95. Regiment (1807). – 3. Offizier des 52. Regiments (1812). – 4. und 5. 52. Regiment (1815).

	Abzeichenfarbe	Tresse (bei der Truppe immer weiß)
REGIMENTER DER GARDE		
1. Regiment of Foot Guards	blau	gold
2. (oder Coldstream) Regiment of Foot Guards	blau	gold
3. Regiment of Foot Guards	blau	gold
LINIEN-INFANTERIE		
1. Regiment oder The Royal Scots	blau	gold
2. oder The Queen's Royal Regiment	blau	silber
3. oder The East Kent Regiment oder The Buffs	chamois	silber
4. oder The King's Own Regiment	blau	gold
5. oder The Northumberland Regiment of Foot	grün	silber
6. oder The 1st Warwickshire Regiment	gelb	silber
7. Regiment oder the Royal Fuzileers	blau	gold
8. oder The King's Regiment	blau	gold
9. oder The East Norfolk Regiment	gelb	silber
10. oder The North Lincolnshire Regiment	gelb	silber
11. oder The North Devonshire Regiment	dunkelgrün	gold
12. oder The East Suffolk Regiment	gelb	gold
13. oder The 1st Somersetshire Regiment	gelb	silber
14. oder The Buckinghamshire Regiment	chamois	silber
15. oder The Yorkshire (East Riding) Regiment	gelb	silber
16. oder The Bedfordshire Regiment	gelb	silber
17. oder The Leicestershire Regiment	weiß	silber
18. oder The Royal Irish Regiment	blau	gold
19. oder The 1st Yorkshire (North Riding) Regiment	grün	gold
20. oder The East Devonshire Regiment	gelb	silber
21. Regiment oder The Royal North British Fuzileers	blau	gold
22. oder The Cheshire Regiment	chamois	gold
23. Regiment oder The Royal Welsh Fuzileers	blau	gold
24. oder The Warwickshire Regiment	grün	silber
25. oder The King's Own Borderers Regiment	blau	gold
26. oder The Cameronian Regiment	gelb	silber
27. oder The Inniskilling Regiment	chamois	gold
28. oder The North Gloucestershire Regiment	gelb	silber
29. oder The Worcestershire Regiment	gelb	silber
30. oder The Cambridgeshire Regiment	blaßgelb	silber
31. oder The Huntingdonshire Regiment	chamois	silber
32. oder The Cornwall Regiment	weiß	gold
33. oder The 1st Yorkshire (West Riding) Regiment	rot	silber
34. oder The Cumberland Regiment	gelb	silber
35. oder The Sussex Regiment	orange	silber
36. oder The Herefordshire Regiment	grün	gold

1
2
3
4
5

	Abzeichenfarbe	Tresse (bei der Truppe immer weiß)
37. oder The North Hampshire Regiment	gelb	silber
38. oder The 1st Staffordshire Regiment	gelb	silber
39. oder The Dorsetshire Regiment	fichtengrün	gold
40. oder The 2nd Somersetshire Regiment	chamois	gold
41. Regiment	rot	silber
42. oder The Royal Highland Regiment	blau	gold
44. oder The East Essex Regiment	gelb	silber
45. oder The Nottinghamshire Regiment	dunkelgrün	silber
46. oder The South Devonshire Regiment	blaßgelb	silber
47. oder The Lancashire Regiment	weiß	silber
48. oder The Northamptonshire Regiment	chamois	gold
49. oder The Hertfordshire Regiment	grün	gold
50. oder The West Kent Regiment	schwarz	silber
53. oder The Shropshire Regiment	rot	gold
54. oder The West Norfolk Regiment	grün	silber
55. oder The Westmoreland Regiment	grün	gold
56. oder The West Essex Regiment	purpur	silber
57. oder The West Middlesex Regiment	gelb	gold
58. oder The Rutlandshire Regiment	schwarz	gold
59. oder The 2nd Nottinghamshire Regiment	weiß	gold
61. oder The South Gloucestershire Regiment	chamois	silber
62. oder The Wiltshire Regiment	chamois	silber
63. oder The West Suffolk Regiment	dunkelgrün	silber
64. oder The 2nd Staffordshire Regiment	schwarz	gold
65. oder The 2nd Yorkshire (North Riding) Regiment	weiß	gold
66. oder The Berkshire Regiment	grün	gold
67. oder The South Hampshire Regiment	gelb	silber
69. oder The South Lincolnshire Regiment	grün	gold
70. oder The Glasgow Lowland Regiment	schwarz	gold
72. Highland Regiment	gelb	silber
73. Highland Regiment	dunkelgrün	gold
74. Highland Regiment	weiß	gold
75. Highland Regiment	gelb	silber
76. Regiment	rot	silber
77. oder The East Middlesex Regiment	gelb	silber
78. Highland Regiment oder The Ross-shire Buffs	chamois	gold
79. Regiment of Cameron Highlanders	dunkelgrün	gold
80. Regiment oder The Staffordshire Volunteers	gelb	gold
81. Regiment	chamois	silber
82. Regiment oder The Prince of Wales's Volunteers	gelb	silber
83. Regiment	gelb	gold
84. oder The York and Lancaster Regiment	gelb	silber
86. oder The Royal County Down Regiment	blau	silber
87. oder The Prince of Wales's Own Irish Regiment	grün	gold
88. Regiment oder The Connaught Rangers	gelb	silber

INFANTERIE DER ENGLISCHEN GARDE

1. Grenadier des 1. Regiments (1812 bis 1815). – 2. 2. Regiment (1813). – 3. 3. Regiment (1812). – 4. Soldat des 1. Regiments (1806). – 5. Leichte Kompanie des 3. Regiments. – 6. Soldat des 2. Regiments. – 7. Soldat des 3. Regiments.

4
5
6
7
1
2
3

	Abzeichenfarbe	Tresse (bei der Truppe immer weiß)
89. Regiment	schwarz	gold
90. Regiment oder The Perthshire Volunteers	chamois	gold
91. Regiment	gelb	silber
92. Regiment	gelb	silber
93. Regiment	gelb	silber
94. Regiment	grün	gold
96. Regiment	chamois	silber
97. oder The Queen's Own Regiment	blau	silber
98. Regiment	chamois	silber
99. oder The Prince of Wales's Tipperary Regiment	blaßgelb	
100. oder His Royal Highness the Prince Regent's County of Dublin Regiment	dunkelgelb	
101. oder The Duke of York's Irish Regiment	weiß	
102. Regiment	gelb	silber
103. Regiment	weiß	
104. Regiment	chamois	

General Sir John Moore (1761–1809) hatte den Gedanken gehabt, das britische Heer mit einer Leichten Infanterie auszustatten, die es mit den französischen Voltigeuren aufnehmen könnte. Mit seinem eigenen Regiment hatte er eine erste Einheit dieser Art aufgestellt. Später wurden fünf weitere Regimenter auf die gleiche Weise umgestellt:

43. oder The Monmouthshire Regiment	weiß	silber
51. oder The 2nd Yorkshire (West Riding) Regiment	grün	gold
52. oder The Oxfordshire Regiment	chamois	silber
68. oder The Durham Regiment	flaschengrün	silber
71. Highland Regiment	chamois	silber
85. Regiment oder The Bucks Volunteers	gelb	silber

Schließlich wurde noch eine Superleichte Infanterie gegründet, die aus dem amerikanischen Unabhängigkeitskrieg herrührte und den deutschen Jägern nachgebildet war.

Diese flaschengrün gekleideten Soldaten waren mit dem Baker-Karabiner und dem Säbelbajonett bewaffnet. Zwei Regimenter waren so Jäger-Regimenter: das 60. Royal American Regiment, das Rot als Abzeichenfarbe führte, und das 95. Regiment: Rifle Corps mit schwarzer Abzeichenfarbe.

Die Schotten waren an ihrer Kopfbedeckung aus Straußenfedern und ihrem bunten Kilt kenntlich. Die aus den Lowlands (Tiefland) stammenden Regimenter waren wie die englische Linien-Infanterie gekleidet.

ENGLISCHE LINIEN-INFANTERIE

1. 14. Regiment (1812). – 2. 69. Regiment (1812). – 3. 32. Regiment 1814 bis 1815). – 4. 23. Regiment (1812). – 5. Offizier des 9. Regiments (1813). – 6. Grenadier des 4. Regiments (1814). – 7. Fahne des 69. Regiments.

SCHOTTISCHE INFANTERIE
(Seiten 104–105)

1. Dudelsackpfeifer des 71. Regiments (1815). – 2. 79. Regiment. – 3. Offizier des 42. Regiments (Black Watch) (1808). – 4. 92. Regiment (1815). – 5. Trommler des 92. Regiments (1815). – 6. Grenadier des 73. Regiments (1812). – 7. Sergeant des 71. Regiments (1808). – 8. 79. Regiment (1815). – 9. 71. Regiment (1815). – 10. 71. Regiment (1815). – 11. 1. Regiment (1815). – 12. Grenadier des 72. Regiments. – 13. 71. Regiment (1815).

7
5
6
4
1
2
3
L. & F. FUNCKEN

9
10
1
2
3
11
L. & F. FUNCKEN

12
4
13
5
6
7
8

Kavallerie

Eines der ersten Anliegen des Herzogs von Wellington war es, für eine praktische und rationelle Kleidung der Soldaten zu sorgen. Er selbst trug so oft wie möglich eine einfache Uniform mit einem Hut, dessen Maße für die damalige Zeit sehr bescheiden waren. Diese Art Kopfbedeckung war bei der Kavallerie abgeschafft und durch einen Helm oder Tschako ersetzt worden.

Die größten Veränderungen an den Uniformen der Kavallerie wurden im Laufe des Jahres 1811 vorgenommen.

Es wurde die Reithose eingeführt, die über die enge Hose und die kurzen Stiefel gezogen wurde. Es gab sie in verschiedenen Farben, von grau bis braun, und in verschiedenen Ausführungen; an den Seiten saß eine Reihe Knöpfe oder nur eine Tresse, entweder in der Abzeichenfarbe oder weiß oder gelb.

Manchmal waren diese Überhosen unten an den Beinen mit Leder besetzt, aber es gab auch ein Modell, das weder Lederbesatz noch eine Tresse hatte, sondern am unteren Rand des Beines nur vier Knopflöcher besaß, damit der Soldat sie mit dem angezogenen Stiefel leichter überstreifen konnte.

Auch wurde nun in allen Regimentern die Säbeltasche eingeführt.

Obgleich die englischen Kavalleristen tapfere Männer waren und gut zu Pferde saßen, blieb der Herzog von Wellington ihnen gegenüber immer mißtrauisch, denn er wußte, wie unerfahren sie waren und über wie wenig Sachverstand ihre Offiziere verfügten.

Der große englische Heerführer gestand selbst ein, daß er es nicht gern mit ansah, wenn vier seiner Reiterschwadronen gegen vier französische Schwadronen kämpften [1]. Aus diesem Grunde kam die englische Reiterei während des Spanienkrieges kaum zum Einsatz. Dennoch wäre es ungerecht, wollte man nicht erwähnen, welche brillante Rolle die Schwere Rei-

1 »I did not like to see four British (squadrons) opposed to four French.« Band I, Seite 119 von »A History of the Peninsular War, 1807–1814«, von Sir Charles William Chadwick Oman von der Universität Oxford (1860–1946).

ENGLISCHE
LEICHTE KAVALLERIE

1. 15. Regiment Husaren. – 2. 7. Regiment Husaren. – 3. 10. Regiment Husaren. – 4. Offizier des 15. Regiments Husaren.

3
4
2

terei in der Schlacht von Salamanca gespielt hatte, die, gut geführt, viel zum Ruhm dieses Tages beitrug.

Die Schlacht bei Waterloo bestätigte, daß Wellington seine Truppen richtig eingeschätzt hatte. Die britische Reiterei war am 18. Juni bei Papelotte unter dem Kommando des Grafen von Uxbridge gegen Kolonnen zurückflutender französischer Infanterie und zahlenmäßig unterlegene Kavallerie in den Kampf geworfen worden. Erregt von ihrem Erfolg ignorierten die Reiter von Lord Edward Somerset und Sir William Ponsonby entschlossen den Befehl zum Rückmarsch und griffen die Franzosen an, die sich neu gruppiert hatten. Bevor ihre wilde Attacke bis zu den ersten feindlichen Reihen vorgedrungen war, waren schon 2500 Mann, ein Drittel der Ihren, außer Gefecht. Sir W. Ponsonby selbst hatte diesen Akt des Ungehorsams mit dem Leben bezahlt.

Man fragt sich zu Recht, ob eine solche Mischung von Tapferkeit und unsinniger Tollkühnheit nicht großenteils durch die mißtrauische Haltung Wellingtons verursacht worden ist. Die unbestritten tapfere britische Kavallerie mußte den Wunsch haben, zu glänzen und diesen Führer endlich zu überzeugen, der sie so gering achtete.

Die Regimenter der britischen Kavallerie waren in Leichte und Schwere Reiterei unterteilt. Die erstere führte den gekrümmten Säbel, die zweite den geraden Säbel. Diese Waffen hatten breitere Klingen als bei der französischen Armee. Wenn sie auch schwerer zu handhaben waren, verursachten sie jedoch gefährlichere Wunden.

Leichte Kavallerie

Die Leichte Kavallerie umfaßte die Leichten Dragoner und die Husaren. Von den Husaren gab es 1811 vier Regimenter, die mit Hilfe von vier Leichten Dragoner-Regimentern gebildet worden waren, deren Nummer und Bezeichnung in der *Army list* sie auch behielten. Die Bezeichnung Husaren erschien nur in Klammern.

Die Husaren waren nach Art der ungarischen Husaren ausgerüstet. Als Kopfbedeckung trugen sie den Kolpack, dazu

ENGLISCHE
LEICHTE KAVALLERIE (II)

1. 13. Regiment, Light Dragoons. – 2. 8. Regiment, Light Dragoons. – 3. 17. Regiment, Light Dragoons.

2
XIII
L D
XVII
L D
XIII
L D
XIII
L D
3
1
L.F. FUNCKEN

hatten sie Dolman und Pelz. Als augenfällige Neuerung trugen die Husaren einen Schnurrbart, der ihre Ähnlichkeit mit ihren ausländischen Vorbildern noch steigerte. Wie bei jenen, mußte eine Überhose eingeführt werden, weil die kleidsamen, eng anliegenden weißen Hosen im sommerlichen Staub oder im Schlamm des Winters für lange Ritte ungeeignet waren. Der mehr dekorative als praktische Kolpack machte dem Tschako Platz.

Die großen Reformen gingen auch an den Leichten Dragonern nicht vorüber. Sie mußten ihren Helm mit dem Pelzstutz ablegen und bekamen den Tschako. In der ersten Zeit brachte ihnen die neue Kopfbedeckung viel Unannehmlichkeiten, denn die dem französischen Tschako ähnliche Form hatte häufig zur Folge, daß ihre Kameraden das Feuer auf sie eröffneten. Auch die engen weißen Hosen verschwanden von den Schlachtfeldern; die Leichten Dragoner trugen nun graublaue Reithosen.

ENGLISCHE SCHWERE KAVALLERIE (I)

1. Horse Guards (»The Blues«). – 2. 2. Regiment der Life Guards (1810). – 3. Offizier der Life Guards (1815). – 4. Life Guards (1814). – 5. Unteroffizier der Life Guards.

Regimenter der Leichten Kavallerie im Jahre 1815:

	Abzeichenfarbe	Tresse
7. (oder The Queen's Own) Regiment of (Light) Dragoons (Hussars)	weiß	silber
8. (oder The King's Royal Irish) Regiment of (Light) Dragoons (Hussars)	scharlachrot	gold
9. Regiment of (Light) Dragoons		gold
10. (oder The Prince of Wales's Own Royal) Regiment of (Light) Dragoons (Hussars)	karmesinrot	silber
11. Regiment of (Light) Dragoons	chamois	silber
12. (oder The Prince of Wales's) Regiment of (Light) Dragoons	gelb	silber
13. Regiment of (Light) Dragoons	chamois	gold
14. (oder The Duchess of York's Own) Regiment of (Light) Dragoons	orange	silber
15. (oder The King's) Regiment of (Light) Dragoons	scharlachrot	silber
16. (oder The Queen's) Regiment of (Light) Dragoons	scharlachrot	silber
17. Regiment of (Light) Dragoons	weiß	silber
18. Regiment of (Light) Dragoons (Hussars)	weiß	silber
19. Regiment of (Light) Dragoons	gelb	gold
20. Regiment of (Light) Dragoons	orange	gold
21. Regiment of (Light) Dragoons	schwarz	silber
22. Regiment of (Light) Dragoons	weiß	gold
23. Regiment of (Light) Dragoons	karmesinrot	silber
24. Regiment of (Light) Dragoons	hellgrau	gold
25. Regiment of (Light) Dragoons	hellgrau	silber

4
5
1
2
3
L. & F. FUNCKEN.

Schwere Kavallerie

Die Schwere Kavallerie umfaßte die Regimenter der Life Guards, Horse Guards, Dragoon Guards und sechs Regimenter Dragoner. Der bekannte, sperrige Hut, den sie bis 1811 getragen hatten, wurde durch einen Helm ersetzt, der mit seiner Raupe oder einem frei hängenden Roßschweif stark den Helmen ähnelte, die die französischen Karabiniers und Kürassiere trugen. Die Horse Guards bekamen den Helm mit Raupe und die Dragoner den Helm mit Roßschweif, wobei nur die Scots Greys (2. Dragoner) eine Ausnahme bildeten, denn sie trugen weiterhin die Pelzmütze, die sie zu Zeiten Marlboroughs bei Ramillies (1706) erbeutet hatten.

Das 5. Regiment Dragoner (5th Irish Dragoons), das nicht in der nachstehenden Liste aufgeführt ist, war zu Recht oder Unrecht im Jahre 1799 nach den Unruhen in Irland aufgelöst worden.

Die Regimenter der Schweren Kavallerie unterschieden sich durch folgende Farben:

ENGLISCHE SCHWERE KAVALLERIE (II)

1. Scots Greys (2. Regiment). – 2. 1. Royal Dragoons. – 3. 1. King's Dragoon Guards.

	Abzeichenfarbe	Tresse
1. Regiment of Life Guards	blau	gold
2. Regiment of Life Guards	blau	gold
The Royal Regiment of Horse Guards	scharlachrot	gold
1. (oder The King's) Regiment of Dragoon Guards	blau	gold
2. (oder The Queen's) Regiment of Dragoon Guards	schwarz	silber
3. (oder The Prince of Wales's) Regiment of Dragoon Guards	weiß	gold
4. (oder The Royal Irish) Regiment of Dragoon Guards	blau	silber
5. (oder The Princess Charlotte of Wales's) Regiment of Dragoon Guards	grün	gold
6. Regiment of Dragoon Guards	weiß	silber
7. (oder The Princess Royal's) Regiment of Dragoon Guards	schwarz	gold
1. (oder Royal) Regiment of Dragoon	blau	gold
2. (oder Royal North British) Regiment of Dragoons	blau	gold
3. (oder King's Own) Regiment of Dragoons	blau	gold
4. (oder Queen's Own) Regiment of Dragoons	grün	silber
6. (oder Inniskilling) Regiment of Dragoons	gelb	silber

2
3
1

Pioniere und Freiwillige

Als ewige arme Verwandte der Heere der damaligen Zeit bekamen die Soldaten der Pioniertruppe erst 1786 eine eigene Uniform. Das »Corps of Royal Engineers« tat sich im Laufe des Spanienkrieges viele Male hervor. Außer der Bekleidung, die wir im Bild zeigen, hatten die Pioniere eine Arbeitskleidung (working dress), die 1813 der ersteren stark ähnelte, nur daß die Jacke weiter geschnitten und die Hose schwarz war. Wenig bekannt sind auch die zahllosen Freiwilligen-Regimenter, »fencibles« genannt, die entlang den Küsten von Süd bis Nord nach einer möglichen Landung von Feinden ausspähten. Allein die Stadt London stellte 12 000 Milizsoldaten.

Sie trugen sehr unterschiedliche, altmodische Uniformen, der alte Raupenhelm von 1795 bedeckte ihre Köpfe, die voll mit Träumen von Heldentaten waren.

Unter den »Military Associations«, welche die zivilen Freiwilligen für die »home defence« ausbildeten, war die »Honourable Artillery Company« eine der ältesten und aktivsten.

Man sollte sich jedoch nicht vorstellen, daß diese Milizionäre für einen möglichen Angreifer ein ernsthaftes Hindernis gebildet hätten. Wenn Napoleon in der Lage gewesen wäre, den Ärmelkanal zu überqueren, hätten diese braven Männer mit ihrer kümmerlichen Bewaffnung und ihrer schlechten Organisation seinen Vormarsch niemals aufhalten können.

ARTILLERIE, PIONIERE UND ENGLISCHE FREIWILLIGE

1. Honourable Artillery Company. – 2., 3. und 4. Offiziere des Londoner Freiwilligen-Korps (1805). – 5. Soldat der Londoner Freiwilligen (1805). – 6. Honourable Artillery Company. – 7. Artillerist der Londoner Freiwilligen (1804). – 8., 9. und 10. Offizier, Unteroffizier und Soldat der Royal Engineers (1813).

1
2
3
4
5
6
7
8
9
10

Artillerie

Bei der britischen Feldartillerie gab es nicht weniger als sechs verschiedene Kaliber. Da sie äußerst beweglich und in der Lage war, sich selbst zu verteidigen, war sie dem Einfluß des »eisernen Herzogs« weitgehend entzogen. Wellington, der von Artillerie-Duellen wenig hielt, benutzte seine Artillerie zur Verteidigung seiner Infanterie-Einheiten, indem er ihr Feuer auf die feindlichen Kolonnen konzentrierte.

Im Jahre 1784 wurde das Schrapnell erfunden, das mehr als ein Jahrhundert lang alle anderen Munitionstypen verdrängte. Dem englischen Leutnant Henry Shrapnel war der Bau eines Geschosses gelungen, das in der Luft zerplatzte und dabei nach allen Seiten einen Regen von schweren Kugeln aussandte.

Aus der Marine war eine weitere Erfindung gekommen, die seit 1808 im Erdkampf verwendet wird: die Rakete. Dieses revolutionäre Geschoß war vom Generalmajor Sir William Congreve gebaut worden und war in sechs verschiedenen Kalibern verfügbar: 3, 6, 9, 12, 18 und 24 Pfund.

Die Raketen und ihre zerlegbare »Abschußrampe« wurden von den Reitern des »Rocket Corps« transportiert. Sobald die »Rakete à la Congreve« auf ihrem Stativ stand, wurde sie mit einem fernbedienten Steinschloß gezündet. Diese leicht transportierbare, wenig Platz beanspruchende, revolutionäre Artillerie brauchte nur wenig Bedienungspersonal (zwei bis vier Männer, je nach Kaliber).

Die Raketen wurden bei Leipzig und Waterloo eingesetzt. Wenn auch die Reichweite zufriedenstellend war (200 Meter), so ließ doch die Treffsicherheit zu wünschen übrig, und ihre geringe Wirkung war für eine Zerstörungswaffe vollkommen unverzeihlich! Sie taugten höchstens dazu, Häuser in Brand zu schießen, deshalb verschwanden sie auch schnell wieder.

ENGLISCHE ARTILLERIE

1. Offizier der Royal Horse Artillery (1815). – 2. Fahrer (1812). – 3. Kanonier (1812). – 4. Artillerist zu Fuß des Royal Regiment of Artillery (1814). – 5. Rocket Troop (1815). – 6. 9-Pfund-Kanone (1815). – 7. Haubitze des Kalibers 5,5 Zoll (1815). – 8. Artillerist zu Fuß (1815). – 9. Reitender Kanonier (1812). – 10. und 11. Artillerist zu Fuß und Rakete des Systems Congreve in Abschußposition (1815).

11
5
10
9
6
7
8
1
2
3
4
L. & F. FUNCKEN

Die »King's German Legion« (Des Königs deutsche Legion)

Während der Kriege von 1801 bis 1806 wurde das Königreich Hannover bald von den Preußen (1801 und 1805), bald von den Franzosen (1803 und 1806) besetzt. Schließlich wurde es von Napoleon zerstückelt. Er selbst nahm sich den Norden und gab den Süden seinem Bruder Jérôme Bonaparte, dem König von Westfalen.

Ein Teil der hannoverschen Armee war bereit gewesen, seinem neuen Herren zu dienen, doch eine große Zahl Soldaten zog es vor, in Englands Dienste zu treten, mit dem Hannover eng verbunden war, seit Georg von Hannover 1714 als Georg I. den englischen Thron bestiegen hatte.

König Georg III. beauftragte den Baron Decken, ein Korps Leichte Infanterie aufzustellen, das den Namen »The King's Germans« führen und die ausgewanderten Hannoveraner aufnehmen sollte.

Zwischen 1803 und 1813 schlossen sich Tausende von Hannoveranern den 450 ersten Rekruten Georgs III. an, so daß sie schließlich eine beachtliche Streitmacht darstellten, die Infanterie, Kavallerie und Artillerie umfaßte: »The King's German Legion.«

Dieses kleine Heer glühender Patrioten nahm an allen Feldzügen teil, besonders am Spanienkrieg. Die mutigen und durch und durch loyalen Hannoveraner der K.G.L. erregten Bewunderung bei den britischen Kommandeuren, unter deren Befehl sie dienten.

Daß sie an der letzten Schlacht beteiligt waren, trug nicht unwesentlich zum Sieg des Herzogs von Wellington bei.

»THE KING'S GERMAN LEGION«

1., 2. und 3. Offiziere des 1., des 2. und des 3. Husaren-Regiments. – 4. Kanonier (1812). – 5. Leichter Dragoner. – 6. 1. Regiment Leichte Infanterie. – 7. Artillerist zu Fuß (1815). – 8. Infanterie.

4
5
6
1
2
3
8
L.&F.

DRITTER TEIL

DAS PREUSSISCHE HEER

Im Jahre 1797 war Friedrich Wilhelm III. seinem Onkel Friedrich Wilhelm II., dem Neffen des berühmten Friedrichs des Großen, auf dem preußischen Thron gefolgt. Der »Alte Fritz«, der seinen Neffen gering schätzte, hatte ihn dennoch bei allen Feldzügen des Siebenjährigen Kriegs bei sich gehabt. Der künftige König zeigte niemals auch nur die geringste militärische oder politische Begabung. Als er König geworden war, vernachlässigte er die Erziehung seines Sohnes, des späteren Friedrich Wilhelm III., der zwar nicht in eine so harte Zucht genommen wurde wie sein berühmter Großonkel, aber doch eine unglückliche Jugend verlebte. Sie prägte den Charakter des jungen Mannes stark und impfte ihm einen Minderwertigkeitskomplex ein, der schwer auf allen seinen späteren Entscheidungen lasten sollte.

Mit seinem fürchterlichen Scharfsinn hatte Napoleon den preußischen Monarchen sehr schnell »eingestuft«: »So dumm wie ein Sergeant.«

Eine so beleidigende Titulierung verdiente der König von Preußen nicht, doch bewies er eine so beklagenswerte Charakterschwäche und eine derartige Vorsicht in seinen politischen Handlungen, daß diese Vorsicht vielen als ein Beispiel für Feigheit und Egoismus erschien.

Entschlossen weigerte er sich, an den Vorbereitungen für einen Kampf gegen den eroberungslustigen französischen Kaiser teilzunehmen. Friedrich Wilhelm III. klammerte sich vielmehr an die Neutralität und hoffte, sich so die Gunst des unbezwingbaren Kaisers zu sichern, der diese Ergebenheit sicherlich belohnen und ihm bedeutende Gebiete überlassen würde, die der Kaiser den Nachbarstaaten Preußens weggenommen hatte.

Diese Hoffnungen wurden grausam enttäuscht. Napoleon, der bei Austerlitz (2. Dezember 1805) einen strahlenden Sieg über die Verbündeten errungen hatte, war gegen die Pläne ei-

PREUSSISCHE INFANTERIE (I)

1. Grenadier des 13. Regiments (1805). – 2. Musketier des 25. Regiments (1806). – 3. Grenadier des 15. Regiments (1806). – 4. Offizier des 23. Regiments (1806). – 5. Grenadier des 26. Regiments (1806). – 6. Musketier des 4. Regiments (1807).

6
4
3
1
2

ner Konföderation unter der Schutzherrschaft Preußens und zwang den König, ein Militärbündnis mit Frankreich zu unterzeichnen.

Friedrich Wilhelm III. sah sich außerdem gezwungen, Hannover zu annektieren. Daraufhin erklärte England ihm sofort den Krieg und bezeichnete die Haltung Preußens als »verächtlichen Servilismus und abscheulichen Raub«.

Man kann sich vorstellen, daß all diese Ereignisse die Preußen in ihrer Franzosenfeindlichkeit, die ohnehin schon groß war, nur noch bestärkte. Von seiner Gemahlin, Luise von Mecklenburg-Strelitz, gedrängt, fühlte Friedrich Wilhelm sich plötzlich in der Lage, es den militärischen Unternehmungen seines Großonkels gleichzutun. Er beschloß, seinen hochmütigen Feind herauszufordern. Eine letzte Anwandlung von Vorsicht veranlaßte ihn immerhin noch dazu, mit Rußland ein geheimes Militärbündnis zu schließen. Am 9. August 1806 wurde eine Teilmobilmachung angeordnet, am 6. September öffneten sich die Nordseehäfen für die Briten. Endlich wurde an den Kaiser ein Ultimatum abgesandt, in dem eine Wiedergutmachung für alle Schäden und der sofortige Abzug der französischen Truppen aus Deutschland bis zum 8. Oktober verlangt wurde.

»Marschall«, sagte Napoleon zum Fürsten von Neuchâtel[1], als er diese Aufforderung erhielt, »man bestellt uns für den 8. zu einem Ehren-Treffen; noch nie hat ein Franzose solch ein Treffen versäumt; aber da es heißt, daß eine schöne Königin Zeugin des Kampfes sein will, laßt uns höflich sein und bis nach Sachsen durchmarschieren[2].«

Napoleon verließ Paris am 28. September und befand sich, seinem Wort getreu, am 6. Oktober 1806 in seinem Bamberger Hauptquartier.

1 Marschall Berthier.

2 Marco de Saint-Hilaire: »Histoire de la Garde impériale.«

PREUSSISCHE INFANTERIE (II)

1. Füsilier des 40. Regiments (1806). – 2. Musiker. – 3. Musketier des 43. Regiments (1806). – 4. Füsilier der Leichten Infanterie (1806). – 5. Offizier der Leichten Infanterie (1806).

1
2
3
4
5
L. & F.

Dort war das französische Heer, 166 000 Mann und 234 Geschütze stark, versammelt. Napoleon hielt vor ihm die folgende Ansprache, die es wert ist, so meinen wir, in extenso bis zum letzten Komma wiedergegeben zu werden.

»Soldaten! Der Befehl für eure Rückkehr nach Frankreich war erteilt. In der Hauptstadt erwarteten euch triumphale Feste. Aber während wir uns vertrauensvoll in Sicherheit wiegten, wurden unter der Maske der Freundschaft und des Bündnisses neue Komplotte gegen uns geschmiedet. Aus Berlin waren Rufe nach Krieg zu vernehmen; und seit zwei Monaten fordert man uns täglich mehr heraus. Die gleiche Partei, der gleiche Wahnwitz, der, unsere inneren Streitigkeiten ausnutzend, die Preußen vor vierzehn Jahren mitten in die Ebenen der Champagne führte, beherrscht heute ihre Räte.

Wenn sie auch nicht mehr Paris verbrennen wollen, brüsten sie sich heute damit, ihre Fahnen in den Hauptstädten unserer Verbündeten aufzupflanzen; Sachsen wollen sie durch ein schändliches Abkommen zwingen, seine Unabhängigkeit aufzugeben, und es in ihre Provinzen einverleiben; eure Lorbeeren wollen sie euch von der Stirn reißen. Sie verlangen, daß wir Deutschland unter dem Anblick ihres Heeres räumen! Diese Toren! Sie sollen erfahren, daß es tausendmal leichter wäre, unsere große Hauptstadt zu zerstören, als die Ehre seiner Kinder zu beflecken!

Soldaten! Es gibt keinen unter euch, der nach Frankreich auf einem anderen Wege als dem der Ehre zurückkehren will. Denkt daran, daß wir dorthin nur unter Triumphbögen heimkehren dürfen!

Laßt uns also marschieren, denn die Mäßigung hat nicht bewirkt, daß Preußen seinen erstaunlichen Fehler erkannte. Möge das preußische Heer das gleiche Schicksal erleiden wie vor vierzehn Jahren! Mögen seine Soldaten lernen, daß es leicht ist, Land und Macht dazuzugewinnen, wenn man die

PREUSSISCHE INFANTERIE (I)

1. 3. Regiment (2. Ostpreußisches) (1815). – 2. Winteruniform (1812). – 3. 11. Regiment (2. Schlesisches). – 4. Freiwilliger Schlesischer Jäger. – 5., 6., 7. und 8. Offiziere, Unteroffizier und Soldat des Regiments Garde zu Fuß (1812).

1
2
3
4
5
6
7
8
L. & F. Funcken

Freundschaft des großen Volkes besitzt, daß aber seine Feindschaft schrecklicher ist als die Stürme auf dem Meer!«

So unglaublich es scheinen mag, mit solchen Sätzen »packte« der »kleine Geschorene« seine Soldaten und spornte sie zu den verblüffendsten Leistungen an.

Gegen die Franzosen hatte Preußen 200 000 Mann [1] aufgeboten, die als Erben des Großen Friedrich bis zum letzten Soldaten von ihrer Unbesiegbarkeit überzeugt waren.

Als glühende Patriotin tänzelte Königin Luise an der Seite ihres Gemahls, sie war angetan mit einem Reitanzug in den Farben des Dragoner-Regiments, das ihren Namen trug.

Die preußische Armee hatte großen Stil, sie war wunderbar diszipliniert. Ihre Kavallerie verstand zu reiten und war unbestreitbar tapfer und auch die Artillerie besaß einen ausgezeichneten Ruf.

Leider hing sie noch mit religiöser Gläubigkeit an den Theorien des »Alten Fritz«, die wohl im Jahre 1757 bei Roßbach und Leuthen Wunder bewirkt hatten, nun aber, gegenüber einem Gegner wie Napoleon, völlig überholt waren.

Zu seiner Unterstützung bei der Leitung dieser imposanten Armee hatte der König von Preußen alle alten Generale aus dem Siebenjährigen Krieg »exhumiert«, zum Beispiel den Herzog von Braunschweig, einen der besten Generale Europas, der aber leider 71 Jahre zählte! Schlimmer noch war der Fall Möllendorf: er war 1724 geboren und war der Page Friedrichs II. gewesen, und nun, im Alter von 82 Jahren, wurde er vom Großneffen seines früheren Monarchen aufgefordert, auf die französische Armee loszugaloppieren! Im Vergleich mit den eben Genannten war Blücher jung, er war erst ... 64 Jahre alt und sollte später, als unverbesserlicher alter Husar, im Alter von 72 Jahren bei Waterloo eine glanz-

1 Einschließlich der sächsischen und hessischen Truppen.

PREUSSISCHE INFANTERIE (II)

1. Winteruniform (1815). – 2. Generaladjutant (1814). – 3. General in Felduniform (1815). – 4. Freiwilliger Jäger aus Ostpreußen (1814). – 5. Schlesische Landwehr (1815). – 6. Musiker der Garde (1813).

6
5
3
1
2
4

volle Revanche nehmen. Ein wenig jünger war der 60jährige General von Hohenlohe; er war sehr populär, und seine Niederlage bei Jena und danach die Kapitulation bei Prenzlau sollten auf die Moral des preußischen Volkes eine verhängnisvolle Auswirkung haben.

Ein Vetter des Königs, Prinz Louis Ferdinand von Preußen, der einer der nachdrücklichsten Verfechter des Kriegs gegen Frankreich gewesen war, wurde eines der ersten Opfer. Er wurde im Einzelkampf vom Wachtmeister Guindey vom 10. Husaren-Regiment getötet, als er am 10. Oktober 1806 den Zugang zur Brücke von Saalfeld verteidigte.

Die preußische Infanterie war auf dem Stand geblieben, den sie beim Tode Friedrichs II. gehabt hatte.

Sie war nach dem Geschmack des 18. Jahrhunderts gekleidet und ausgerüstet und bot einen deutlich veralteten Anblick im Vergleich mit den Uniformen anderer Heere. Der mit Pompons und einer breiten Borte geschmückte Dreispitz, die Haartracht mit dem langen Zopf, auch der Schnitt des blauen Rockes und die Form der Ärmelaufschläge stammten geradewegs aus dem Siebenjährigen Krieg.

Ein typisches Detail für ihren Rock: die kleine, auf das linke Schulterblatt aufgenähte Schulterklappe, mit der der Patronentaschenriemen gehalten wurde.

Ganz eigenartig war auch die Kopfbedeckung der Grenadiere: eine kleine, runde, flache Mütze, an der vorn eine große Platte mit einem schwarzen Pelzrand saß.

Es gab sechzig Infanterie-Regimenter, die der Garde eingeschlossen. Sie trugen manchmal französisch klingende Namen; in solchen Fällen waren ihre Chefs Nachkommen jener Protestanten, die den Verfolgungen durch Ludwig XIV. das Exil vorgezogen hatten.

Die Regimenter unterschieden sich durch die Farbe des Kragens, der Rabatten und der Ärmelaufschläge sowie durch die Form und Anordnung der Knopflöcher.

PREUSSISCHE JÄGER
UND SCHÜTZEN

1. Schlesischer Schütze (1810). – 2. Schlesischer Schütze (1812). – 3. Jäger aus Ostpreußen (1813). – 4. Unteroffizier der Ostpreußischen Jäger (1808). – 5. Hornist der Schlesischen Schützen (1814).

1
2
3
4
5

Nummer und Name des Regiments	Abzeichenfarbe
1. Kunheim	ponceaurot
2. Rüchel	hellziegelrot
3. Renouard	ponceaurot
4. Kalckreuth	orange
5. Kleist	blaßpaille
6. Grenadier-Garde-Bataillon	scharlachrot
7. Owstien	rosa
8. Rüts (auch Ruiz, Ruits)	scharlachrot
9. Schenck	scharlachrot
10. Wedell	zitronengelb
11. Schöning	karmesinrot
12. Herzog von Braunschweig-Öls	hellziegelrot
13. Arnim	weiß
14. Besser	hellziegelrot
15. Garde	ponceaurot
16. Diericke	hellziegelrot
17. Tresckow	weiß
18. Regiment des Königs	rosa
19. Prinz von Oranien	orange
20. Prinz Louis Ferdinand	scharlachrot
21. Herzog von Braunschweig	scharlachrot
22. Pirch	ponceaurot
23. Winning	rosenrot
24. Zenge	ponceaurot
25. Möllendorff	scharlachrot
26. Alt-Larisch	hellziegelrot
27. Tschammer	ponceaurot
28. Malschitzky	chamois
29. Treuenfels	karmesinrot
30. Borcke	chamois
31. Kropff	rosenrot
32. Fürst Hohenlohe	chamois
33. Alvensleben	weiß
34. Prinz Ferdinand	ponceaurot
35. Prinz Heinrich	grünlich paille
36. Puttkammer	weiß
37. Tschepe	karmesinrot
38. Pelchrzim	scharlachrot
39. Zastorw	weiß
40. Schimonsky	rosenrot
41. Lettow	hellkarmesinrot
42. Plötz	orange
43. Strachwitz	dunkelorange
44. Hagken	chamois
45. Zweiffel	zitronengelb
46. Thile	scharlachrot

JÄGER DER PREUSSISCHEN GARDE

1. 1809. – 2. 1806. – 3. 1813. – 4. Offizier (1809). – 5. 1814.

1
2
3
4
5
L. & F. FUNCKEN.

Nummer und Name des Regiments	Abzeichenfarbe
47. Grawert	dunkelzitronengelb
48. Kurfürst von Hessen	ponceaurot
49. Müffling	weiß
50. Sanitz	hellkarmesinrot
51. Kauffberg	schwefelgelb
52. Reinhardt	scharlachrot
53. Yung-Larisch	hellgelb
54. Natzmer	chamois
55. Manstein	karmesinrot
56. Tauentzien	scharlachrot
57. Graevenitz	hellrosa
58. Courbière	hellgelb
59. Wartensleben	weiß
60. Chlebowski	zitronengelb

Litzenbesatz der Mannschaft meist paarweise unter den Rabatten, auf den Ärmelpatten und hinten zwischen den Taillenknöpfen, bei Nr. 1, 6, 8, 9, 12, 14, 15, 17, 18, 21, 24, 25, 48 auch auf den Rabatten; dagegen bei Nr. 2, 3, 5, 16, 34, 39, 41, 49, 50, 54 kein Ärmelbesatz. Die Litzen waren mit gleichfarbenen Quasten (Puscheln) versehen. Keine Puscheln jedoch bei Nr. 1, 6, 8, 9, 14, 15, 22, 24, 41, 50. Borteneinfassungen an Rabatten und Ärmelaufschlägen hatten Nr. 20, 24 und 27, nur an Ärmelaufschlägen Nr. 9 und 22. Beim I. Batl. Garde Nr. 15 an Kragen und Rabatten Tresseneinfassung.

Die Parade-Uniform der Offiziere hatte gewöhnlich Stickerei oder geschlungene Schleifen auf Ärmelaufschlägen, Taschenpatten, unter den Rabatten und in der Taille, bei Nr. 1, 6, 8, 12, 15, 16, 17, 18, 20, 22, 31, 35, 48 auch auf den Rabatten. Gestickte Einfassungen der Rabatten und Aufschläge bei Nr. 2, 9, 27, mit gestickten Schleifen bei Nr. 1. Goldene oder silberne Achselbänder (Fangschnüre) wurden bei Nr. 13, 15, 46, 47 und 56 getragen.

Schwedische Aufschläge gab es 1806 nur noch bei Nr. 6, 7, 15, 33, 38, 41, 42, 47, 50, 51 und 52.

Die Schwere Kavallerie (die Kürassiere) trugen eine weiße, sehr kleidsame Uniform, die allerdings auch veraltet war. Die Abzeichenfarben waren blaßblau, dunkelblau, rot und violett.

Nur das Regiment Nr. 2 trug einen gelben Rock.

Die Leichte Kavallerie war durch die Husaren vertreten, deren allgemeines Aussehen stark an die Husaren anderer Nationen erinnerte, abgesehen vom Regiment von Prittwitz, das auf dem Tschako das finstere Emblem der »Husaren des Todes« führte.

PREUSSISCHE HUSAREN (I)

1. Regiment von Prittwitz (1806). – 2. Regiment von Pletz (1806). – 3. Regiment Prinz Eugen von Württemberg (1807). – 4. Regiment von Rudorff (1807).

3
4
2
1

Also diese so schön anzusehende Armee setzte sich in drei Kolonnen in Bewegung und überschritt die Elbe bei Dresden und Magdeburg. Der erste schwere Fehler lag darin, daß sich die preußische Front über eine Breite von 150 Kilometern erstreckte, so daß sich die mittlere Marschkolonne jeweils 75 Kilometer von ihrem linken und ihrem rechten Flügel entfernt befand!

Napoleon marschierte seinerseits in drei Kolonnen mit einer Frontbreite von kaum 60 Kilometern.

Nachdem die preußischen Heere in den ersten Vorhutgefechten durcheinandergeworfen worden waren, versuchten sie eine Neugruppierung, um eine gemeinsame Front zu bilden. Doch ließen sie es dabei zu, daß Napoleon und seine Truppen sie von Schlesien abschnitten, von wo die Russen ihnen aufgrund des früher erwähnten Geheimabkommens zu Hilfe eilen sollten.

Der entscheidende Zusammenstoß erfolgte am 14. Oktober 1806 in zwei gleichzeitigen Schlachten: Auerstedt und Jena.

Bei Auerstedt widerstanden Davout und seine 28 700 Männer den 60 500 Preußen des Königs von Preußen und des Herzogs von Braunschweig, der dort schwer verwundet wurde.

Während die Franzosen ein Drittel ihrer Mannschaften verloren, gelang es ihnen, 10 000 Preußen außer Gefecht zu setzen sowie 3000 Gefangene zu machen und 115 Geschütze zu erbeuten.

Bei Jena zerschlugen Napoleon und seine 56 000 Mann die Streitkräfte von Hohenlohe und von v. Rüchel: 72 000 Preußen und Sachsen. Sie hatten 12 000 Mann kampfunfähig gemacht und 15 000 weitere gefangengenommen sowie 30 Fahnen und 200 Kanonen erbeutet.

Obgleich die Preußen unbestreitbar mutig gekämpft hatten, erlitten sie eine katastrophale und folgenschwere Nieder-

PREUSSISCHE HUSAREN (II)
(1808–1815)

1. Unteroffizier des Brandenburgischen Husaren-Regiments. – 2. Offizier des 1. Regiments Leibhusaren. – 3. 1. Schlesisches Husaren-Regiment (1815). – 4. Pommersches Husaren-Regiment (1810). – 5. Unteroffizier des 2. Schlesischen Husaren-Regiments (1809).

3
4
5
1
2

lage. Hohenlohe sammelte die Überlebenden und versuchte, sich mit ihnen zur russischen Armee auf der anderen Seite der Oder durchzuschlagen. In einem fünftägigen, erschöpfenden Marsch legten die 70 000 Entkommenen 200 Kilometer auf kaum passierbaren Wegen zurück und flüchteten sich nach Magdeburg. 6000 Teilnehmer der Schlacht von Auerstedt waren weniger gücklich: sie mußten am 15. Oktober in Erfurt kapitulieren.

Napoleon war fest entschlossen, nicht ein einziges preußisches Regiment entkommen zu lassen, und verfolgte die Fliehenden unerbittlich. Hohenlohe spürte die Gefahr und spaltete deshalb seine Truppe in zwei Teile. Mit 45 000 Mann gelangte er bis auf 80 Kilometer an die Oder heran, aber die Husaren von Lasalle waren ihnen zuvorgekommen: Obgleich sie kaum 700 Mann stark waren, gelang es ihnen, Verwirrung zu stiften und die Verbände zur Flucht nach Prenzlau zu zwingen, wo sie am 28. Oktober kapitulierten.

So wurden die Trümmer der preußischen Armee, eines nach dem anderen, in die Enge getrieben und zur Kapitulation gezwungen.

Der alte Haudegen Blücher war der letzte, der sich geschlagen geben mußte. Mit einem außerordentlichen Eilmarsch in Richtung Ostsee versuchte er, seine Soldaten zu retten, doch war die britische Flotte unglücklicherweise nicht zur Stelle.

Er ergab sich erst am 7. November mit 15 000 Mann und 15 Fahnen. Am Tage darauf kapitulierte Magdeburg, so daß die Armee Friedrich Wilhelms III. nun vollkommen zerstört war. In einem Feldzug von neununddreißig Tagen hatte Napoleon 140 000 Gefangene gemacht und 250 Fahnen erobert.

Die Ergebnisse dieses verhängnisvollen, wirklichen »Blitzkriegs« weckten im gedemütigten preußischen Volk tiefste Verzweiflung, hatten aber den Vorzug, die Fehler der veralte-

PREUSSISCHE KÜRASSIERE (I)

1. Offizier des Regiments Quitzow (1806). – 2. Reiter des Regiments von Beeren (1806).

2
1
L. & F. Funcken

ten Armee deutlich zutage treten zu lassen. Es wurden sogleich gesellschaftliche und militärische Reformen durchgeführt und alle Mittel in Bewegung gesetzt, um die Vaterlandsliebe und den Freiheitskult anzuheizen.

Im Jahre 1809 gründete Friedrich Wilhelm die Berliner Universität, und an ihrer Spitze stand der berühmte Gelehrte Wilhelm von Humboldt im Dienste der preußischen Kultur, die lebendiger als je aus der Niederlage wiederauferstand.

Das preußische Heer, das gezwungen war, an Frankreichs Seite den Rußland-Feldzug mitzumachen, bildete dabei Macdonalds Nachhut. Sein Oberbefehlshaber, der Generalleutnant Johann David von Yorck, fand Gelegenheit, mit den Russen einen Neutralitätsvertrag zu unterzeichnen (28. Februar 1813), und zog seine Truppen ab.

Zuerst warf Friedrich Wilhelm seinem General vor, einen Akt des Ungehorsams begangen zu haben, begriff dann aber langsam, welchen Vorteil er aus der Lage ziehen könnte, sich den preußischen Patrioten anzuschließen, die Frankreich Widerstand leisteten.

Dieser Widerstand wurde seit 1808 von August Neidhardt von Gneisenau (1760–1831) aktiv betrieben. Dieser energische Mann, der bei Jena als Kompanieführer mitgekämpft hatte, sah klar, daß das alte Söldnerheer ausgedient hatte und daß eine Armee aus Bürgern gebildet werden mußte, die den liberalen Ideen anhingen. Die Führung dieser neuen Armee sollte ein Stab von gut ausgebildeten Offizieren übernehmen und nicht ein König, der viele Beweise seiner Unfähigkeit geliefert hatte.

Die neue nationale Armee stützte sich ganz wie die Napoleons auf die Wehrpflicht. Sie gliederte sich in Armeekorps, von denen jedes Infanterie, Kavallerie und Artillerie umfaßte. Das neue preußische Heer war nach dem Vorbild des französischen geschaffen, litt aber noch unter dem Mangel an zen-

PREUSSISCHE KÜRASSIERE (II)

1. Brandenburgisches Kürassier-Regiment (1813). – 2. Freiwilliger »Kosak« des Regiments Garde du Corps (1814). – 3. Reiter des Regiments Garde du Corps (1815).

1
2
3
L.-F. FUNCKEN

traler Autorität, welche die Stärke des Vorbilds ausmachte. Immer herrschte die Tendenz, in getrennten Korps zu marschieren, ohne rechten Zusammenhang und mit übertriebener Vorsicht zu handeln.

Die Uniformen ähnelten denen von Jena überhaupt nicht mehr. Der Dreispitz war verschwunden und durch den Tschako ersetzt. Die Infanterie trug einen neuen Rock mit kurzen Schößen. Der graue Mantel wurde zur Rolle aufgewickelt und um den Oberkörper gehängt. Auch die alten Regimentsnamen wurden abgeschafft und nach den Provinzen bezeichnet und numeriert: Schlesien, Pommern, Ostpreußen, Westpreußen usw.

Seit 1808 umfaßte jedes Infanterie-Regiment zwei Bataillone Musketiere und ein Füsilier-Bataillon. Die Grenadiere bildeten eigene Bataillone. Ab 1810 wurde der zusätzliche Tornisterriemen eingeführt, der quer über die Brust lief und dem preußischen Soldaten ein charakteristisches Aussehen verlieh.

Die Leichte Infanterie, die aus grün gekleideten Jäger- und Schützen-Bataillonen bestand, war mit einem kurzen, gezogenen Karabiner (1,13 m) bewaffnet, der ein geringes Gewicht und hohe Treffsicherheit besaß.

Die preußische Infanterie war zu jung und zu unerfahren, so daß es ihr niemals gelang, das Verteidigungssystem der Wellington-Linie gegen die französischen Kolonnen richtig anzuwenden.

Aus dem gleichen Grunde war die Kavallerie der Befreiungsarmee nicht in der Lage, bei gleicher Zahl den französischen Kürassieren zu widerstehen. Besser war sie in der Vorhut und in der Aufklärung und tat sich manches Mal hervor.

Die preußischen Kürassiere waren mit einem weißen Westenrock, dem »Kollet«, bekleidet. Im Felde tauschten sie ihn wie die Dragoner gegen den litauischen Rock (»Litewka«).

PREUSSISCHE FREIWILLIGE JÄGER ZU PFERDE

1. 1. Regiment der Leibhusaren (1813 bis 1814). – 2. Freiwilliger Jäger der Husaren der Garde (1815). – 3. Unteroffizier der Dragoner. – 4. Freiwilliger Jäger des 1. Schlesischen Husaren-Regiments. – 5. und 6. Tschakos. – 7. Säbeltasche und Säbel. – 8. und 9. Trompeten der Husaren und Jäger. – 10. und 11. Husarenpistole und -karabiner.

1
2
3
4
5
6
7
8
9
10
11

Die Husaren trugen noch ihre typische Uniform. Sie wurden von Freiwilligen Jägern begleitet, deren Uniform grün war. Die Überhose wurde im Felde von der ganzen Kavallerie getragen.

Die mit Geschützen des Kalibers 3 und 6 und 12 bestückte Artillerie war ausgezeichnet. Sie war nach der Napoleons aufgebaut. Natürlich litt sie unter dem gleichen Mangel an Erfahrung wie die anderen Heeresteile.

Wie dem auch sei, das neue preußische Heer nahm aktiven und entscheidenden Anteil an den letzten Feldzügen des Kaiserreichs. Trotz mancher Niederlagen verstand es der unermüdliche Blücher, die jungen Soldaten anzupacken und seine Begeisterung auf sie zu übertragen, denn entgegen dem, was geschrieben wurde, hatte sich ihr patriotischer Elan beträchtlich abgekühlt.

»Die außerordentliche Begeisterung« des preußischen Volkes für die Befreiungsbewegung von 1813 hatte in drei Monaten nur 22 000 Freiwillige gebracht, und um die für den Herbstfeldzug notwendigen Mannschaftstärken zusammenzubringen, mußte auf die 120 000 Mann der Landwehr zurückgegriffen werden.

Das preußische Heer mußte manches durchmachen, besonders im Laufe des Frankreich-Feldzuges von 1814, bei dem Napoleon ihm sein ganzes militärisches Genie demonstrierte. Aber Blücher war hartgesotten und griff unermüdlich und immer wieder an, bis Waterloo.

Auf Preußens Krone fiel keinerlei Glanz beim Endsieg, den übrigens Königin Luise nicht mehr erlebte, da sie 1810 starb. Als der König am 7. Juni 1840 starb, berührte das niemanden mehr. Niemals fand sich unseres Wissens ein Geschichtsschreiber, der die volle Biographie des Großneffen des »Alten Fritz« niedergeschrieben hätte.

PREUSSISCHE ARTILLERIE

1. Artillerist zu Fuß (1808). – 2. und 3. Artillerist zu Fuß (1815). – 4. Pionier (1813). – 5. Höherer Offizier der Reitenden Artillerie (1815). – 6. Unteroffizier der Reitenden Artillerie (1815).

5
6
2
1
3
4

VIERTER TEIL

DIE SPANISCHE ARMEE

Nach der Meinung des französischen Soldaten konnte es nicht viel schwieriger sein, Spanien einzunehmen, als »sein Frühstück einzunehmen«. Deshalb schickte Napoleon dorthin nur 35 000 kriegserfahrene Soldaten und 75 000 Neuausgehobene. Nachdem der Kaiser zuerst König Karl IV. und danach dessen Sohn Ferdinand VII. den spanischen Thron auf sehr häßliche Weise weggenommen hatte, krönte er seinen Bruder Joseph.

Als am 2. Mai 1808 in Madrid der Aufstand losbrach, traf er völlig überraschte Franzosen, die auf den Straßen angegriffen und mit dem Ruf »Tod den Franzosen!« massakriert wurden.

Die spanische Armee schloß sich dem Aufruhr nicht an; daran beteiligte sich nur die Zivilbevölkerung, die sich 10 000 Gewehre aus dem Zeughaus geholt hatte.

Murat setzte seine Truppen ein, und nachdem zweitausend Aufrührer mit Bajonetten getötet und Hunderte weitere von der Kavallerie niedergesäbelt worden waren, war die Ordnung wiederhergestellt. Danach folgte eine unbarmherzige Repression: der Maler Goya hat das ganze Grauen mit eindringlicher Kraft dargestellt.

In Madrid war die Revolte erstickt, aber sie griff nun auf ganz Spanien über. Im Juni 1808 wurden 5000 Franzosen aus Saragossa vertrieben, das nur 40 000 Einwohner hatte.

Nun begann eine Belagerung, die in die Geschichte eingegangen ist.

Nachdem die Franzosen den Festungsgürtel überwunden hatten, mußten sie die Stadt Haus für Haus erobern.

Vom 4. bis 14. August fielen nur vier von ihnen, das zeigt die unglaubliche Erbitterung, mit der ihre Verteidiger, meist Zivilisten, kämpften.

Die Angelegenheit wurde beunruhigend, um so mehr, als ein starkes französisches Heer im Juli bei Bailén zur Kapitulation gezwungen war.

SPANISCHE KAVALLERIE

1. Linien-Kavallerie (1805). – 2. Dragoner (1805). – 3. Reitender Grenadier (1808). – 4. Dragoner (1808). – 5. Lanzenreiter (1810–1811). – 6. Kürassier (1810–1811).

1
2
3
4
5
6
L. & F. FUNCKEN.

Nun nahm Napoleon die Sache in die Hand. An der Spitze von acht Armeekorps und seiner Garde (insges. 175 000 Mann) traf er im November 1808 in Spanien ein. Vor ihm stand die spanische Armee mit 120 000 Soldaten, die von Palafox, Castaños und Benito San Juan befehligt wurde.

In dieser Armee hatte es gerade tiefgreifende Veränderungen sowohl in bezug auf die Organisation als auch auf die Uniformen gegeben. Unter dem Einfluß der Bourbonen-Dynastie, die von einem Enkel Ludwigs XIV., dem 1700 zum König von Spanien gekrönten Philipp V., begründet worden war, hatte sich die französische Mode auf die militärische Bekleidung ausgewirkt.

Zu den berühmtesten Regimentern der damaligen Zeit gehören die Gardes-Wallonnes, die 1702 in Belgien ausgehoben worden waren, um dem jungen König zu dienen. Nach und nach waren bei ihnen immer mehr Spanier aufgenommen worden. Jedoch zur napoleonischen Zeit dienten viele belgische Offiziere in der spanischen Armee, darunter Clément de Saint-Marcq, der eine Division der Armee von Valencia und Aragon kommandierte, oder der Baron de Warsage, der ein Bataillon freiwilliger Studenten aufgestellt hatte und die Verteidigung von Saragossa leitete, wo er fiel, oder auch der Marquis de Coupigny-Lignerueil, der die 2. Division der andalusischen Armee in den Schlachten von Menjivar und Bailén kommandierte.

Der berühmteste der spanischen Generale war José de Palafox y Melzi, der den Widerstand symbolisierte und 1808 den Aufstand in Aragon organisiert hatte. Er war etwa 1780 in Aragon geboren worden und starb 1847 in Madrid.

Von 1808 an richteten sich die spanischen Uniformen an der englischen Militärkleidung aus. Das ging in einigen Fällen so weit, daß man die englische Uniform vollständig kopierte, nur die Grundfarbe war anders.

SPANISCHE UND PORTUGIESISCHE INFANTERIE

1. Regiment Patria (1808). – 2. Offizier des Regiments Santa Feé (1808). – 3. Regiment Muerte (1808). – 4. Linien-Infanterie (1805). – 5. Regiment Fernando VII (1808). – 6. Regiment Victoria (1808). – 7. Leichte Infanterie von Valencia. – 8. Leichte Infanterie (1805). – 9. und 10. Portugiesischer Grenadier und Jäger (1809).

9
10
8
7
1
2
3
4
5
6

Das erklärt sich so: Die Engländer hatten in dem spanischen Aufstand eine ausgezeichnete Gelegenheit erblickt, auf dem Kontinent Fuß zu fassen, während sie sich offiziell mit Spanien im Krieg befanden. Das Expeditionskorps, das in Portugal an Land ging, beeinflußte auch die Uniformen dieses Landes, dessen Linien-Regimenter, die »caçadores« (Jäger) und die Scharfschützen oder »atiradores«, den typischen britischen Tschako trugen.

Die Grundfarbe bei den Portugiesen war braun, bei der spanischen Linien-Infanterie blau.

Andere spanische Regimenter symbolisierten mit ihren Namen den Unabhängigkeitskrieg, den sie führten: Patria, Santa Feé, Victoria, Muerte, Fernando VII. Ihre Gewehre ähnelten stark dem französischen Gewehr, von dem sie sich nur durch das Schloß unterschieden.

Die Guerilla-Kämpfer hatten an diesem grausamen Krieg einen außerordentlich aktiven Anteil.

Die schlimmsten Greuel wurden dabei vom Pöbel begangen, der die Nachzügler, ja sogar die Verwundeten und die Gefangenen angriff.

Das herrliche Beispiel Spaniens, das es gewagt hatte, Napoleon herauszufordern, weckte den Patriotismus vieler Völker, die bis dahin dem Gesetz des Siegers unterworfen waren, darunter die Tiroler von Andreas Hofer: 1809, als Österreich Frieden geschlossen hatte, weigerten sie sich, die Waffen niederzulegen.

Kaum hatte Napoleon in Spanien wieder ein wenig Ordnung geschaffen, erreichte ihn in Astorga die Nachricht vom Verrat Talleyrands und Fouchés.

Der Kaiser verließ Spanien und kehrte mit verhängten Zügeln nach Paris zurück, um von neuem »Europa die Stirn zu bieten«.

SPANISCHE INFANTERIE (1812)

1. Grenadier. – 2. Offizier der Jäger. – 3. Leichte Infanterie. – 4. Füsilier. – 5. Jäger.

1
2
3
4
5

KLEINES BILDERLEXIKON

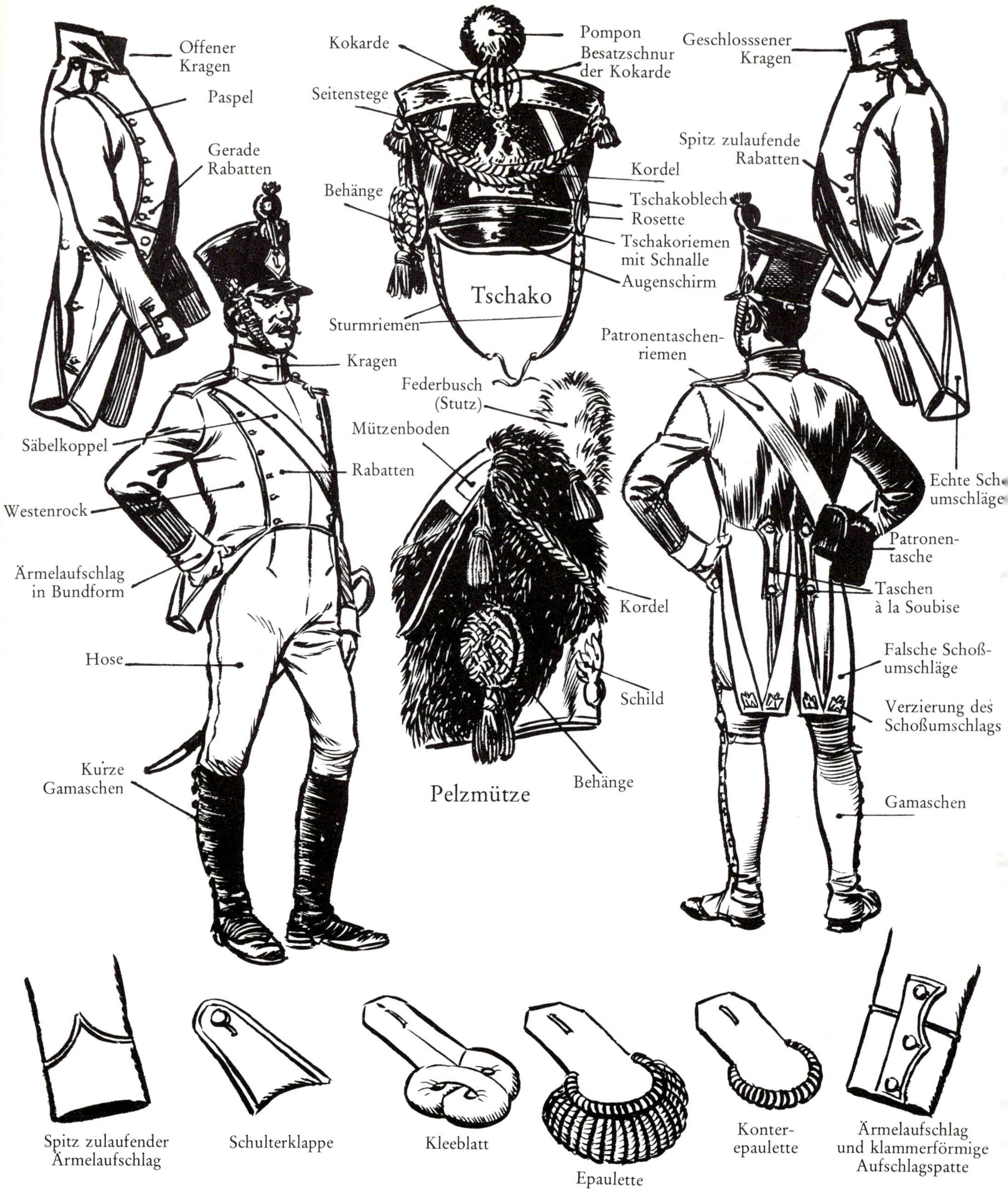
Offener Kragen
Paspel
Gerade Rabatten
Kokarde
Pompon
Besatzschnur der Kokarde
Seitenstege
Behänge
Kordel
Tschakoblech
Rosette
Tschakoriemen mit Schnalle
Augenschirm
Tschako
Sturmriemen
Geschlosssener Kragen
Spitz zulaufende Rabatten
Kragen
Säbelkoppel
Rabatten
Westenrock
Ärmelaufschlag in Bundform
Hose
Kurze Gamaschen
Federbusch (Stutz)
Mützenboden
Kordel
Schild
Behänge
Pelzmütze
Patronentaschen-riemen
Echte Sch
umschläge
Patronen-tasche
Taschen à la Soubise
Falsche Schoß-umschläge
Verzierung des Schoßumschlags
Gamaschen
Spitz zulaufender Ärmelaufschlag
Schulterklappe
Kleeblatt
Epaulette
Konter-epaulette
Ärmelaufschlag und klammerförmige Aufschlagspatte

Rechteckiger Mantelsack
Halbschabracke
Runder Mantelsack
Federbusch (Stutz)
Troddel
Helmstutz-Maske
Helmstutz, Helmkamm
Helm-glocke
Roßschweif
Turban
Rosette der Schuppenkette
Augenschirm
Schuppen-ketten
Doppelte stolenhalfter-decken
Schweißdecke unter dem Sattel
Kolpack
Flügel
Seitenzopf
Haarzopf
Dolman
Pelz
Mantelsack
Schabracke
Säbel-tasche
Kavalleriestiefel
Taschen (Taschenleisten):
quer angeordnet
längs angeordnet
Ärmelaufschläge:
Oben offen
Unten offen
L. et F. FUNCKEN. 68

Verzeichnis der abgebildeten Uniformen und Ausrüstungsgegenstände

A

»Adjoint« – Gehilfe der Kommandeure (Frankreich) 13
Adjutant im Hauptmannsrang (Frankreich) 13
Adjutanten (Frankreich) 11, 13, 15, 19
Adjudant-Major (Frankreich) 13, 15
Adlerträger (Frankreich) 37, 87
Ambulanz (Frankreich) 79
Artillerie (England) 115, 117
Artillerie, K. G. L. (England) 119
Artillerie (Frankreich) 41, 71, 73, 77
Artillerie, Munitionswagen der (Frankreich) 73
Artillerie, Regiments- (Frankreich) 41
Artillerie, Reitende (Frankreich) 75, 77
Artillerie-Leutnant (Frankreich) 71
Artillerie-Oberst (Frankreich) 71
Artillerie-Offiziere (Frankreich) 41, 71, 73
Artillerie-Train (Frankreich) 73, 77
Artillerie zu Fuß (Frankreich) 71, 73, 77
Artillerie (Preußen) 143

B

Bajonett (Frankreich) 39, 83
Bannerträger (Frankreich) 37
Bediente des kaiserlichen Haushalts (Frankreich) 15
Brigadegeneräle (Frankreich) 11, 17

C

Chevau-légers (Frankreich) 59, 61
Chirurg des kaiserlichen Hauptquartiers (Frankreich) 13

D

Divisionsgenerale (Frankreich) 11, 15, 17
Dragoner, K. G. L. (England) 119
Dragoner, Leichte (England) 119
Dragoner, Schwere (England) 113
Dragoner zu Fuße (Frankreich) 53
Dragoner zu Pferde (Frankreich) 51
Dragoner (Spanien) 145

F

Freiwillige (England) 115
Füsilier (Spanien) 149
Füsiliere (England) 113
Füsiliere (Frankreich) 29, 30, 31, 33, 35, 37, 39
Füsiliere (Preußen) 123, 131

G

Garde-Infanterie (England) 101
Gendarmerie (Frankreich) 63
Generale (Frankreich) 11, 15, 17
Generalstabschef (Frankreich) 15
Geograph (Frankreich) 17
Geschütz (England) 117
Geschütz (Frankreich) 73, 77
Geschütz (Österreich) 41
Gewehre (Frankreich) 39, 83
Grenadier (Portugal) 147
Grenadier (Spanien) 149
Grenadier, Reitender (Spanien) 145
Grenadiere (England) 101, 103
Grenadiere (Frankreich) 30, 31, 33, 35, 37, 39
Grenadiere (Preußen) 121

H

Haubitze (England) 117
Haubitze (Frankreich) 77
Horse Guards (England) 111
Husaren (England) 107
Husaren, K. G. L. (England) 119
Husaren (Frankreich) 65, 66, 67, 69
Husaren (Preußen) 133, 135, 141
Husarenpistole (Preußen) 141

I

Infanterie (England) 93, 97, 103
Infanterie, Leichte (England) 99, 119
Infanterie der Garde (England) 101
Infanterie (Frankreich) 30, 31, 33, 35, 37, 39, 41
Infanterie, Leichte (Frankreich) 27, 29
Infanterie, Seitengewehr der (Frankreich) 83
Infanterie der Marine (Frankreich) 81
Infanterie-Musiker (Frankreich) 23
Infanterie-Offiziere (Frankreich) 27, 29, 30, 31, 37, 41
Infanterie (Portugal) 147, 149
Infanterie (Preußen) 121, 123, 125, 127, 129
Infanterie, Leichte (Preußen) 129, 131
Infanterie (Schottland) 104, 105
Infanterie (Spanien) 147, 149
Ingenieur-Geograph (Frankreich) 17

J

Jäger (Frankreich) 27, 29
Jäger zu Pferde (Frankreich) 55, 57
Jäger (Portugal) 147
Jäger (Preußen) 125, 127, 129 131
Jäger zu Pferde (Preußen) 141
Jäger (Spanien) 149

K

Kanone (England) 117
Karabiner (Frankreich) 83
Karabiner (Preußen) 141
Karabiniers (Frankreich) 27, 29, 47, 49
Kavallerie (Spanien) 145
Kavallerie, Leichte (England) 107, 109
Kavallerie, Schwere (England) 111, 113
Kavallerie-Musiker (Frankreich) 89
Kavallerie-Trompeter (Preußen) 141
King's German Legion (England) 119
König von Neapel 11, 15, 17
Krankenpfleger (Frankreich) 79
Kürassiere (Frankreich) 43, 45
Kürassiere (Preußen) 137, 139
Kürassier (Spanien) 145

L

Lancier-Gendarm (Frankreich) 63
Landwehr (Preußen) 131
Lanzenreiter (Spanien) 145
Leichte Dragoner (England) 109, 119
Leichte Infanterie (England) 99, 119
Leichte Infanterie (Frankreich) 27, 29
Leichte Infanterie (Preußen) 129, 131
Leichte Infanterie (Spanien) 147, 149
Leichte Kavallerie (England) 107, 109
Leutnant der Artillerie (Frankreich) 71
Life Guards (England) 111
Light Dragoons 109
Linien-Infanterie (England) 93, 97, 103
Linien-Infanterie (Frankreich) 30, 31, 33, 35, 37, 39, 41
Linien-Infanterie, Tambour-Majore der (Frankreich) 21
Linien-Infanterie (Spanien) 147, 149
Linien-Kavallerie (Spanien) 145

M

Mameluck (Frankreich) 15
Marine-Handwerker (Frankreich) 81
Marine-Infanterie (Frankreich) 81
Marschälle des Kaiserreichs (Frankreich) 11, 13, 15, 17
Militärarzt (Frankreich) 79
Militärschuluniformen (Frankreich) 85
Munitionswagen der Artillerie (Frankreich) 73
Musiker (Frankreich) 23, 25, 30, 31, 42
Musiker, Berittene (Frankreich) 89
Musiker der Infanterie (Frankreich) 23
Musiker der Kavallerie (Frankreich) 89
Musiker (Preußen) 123, 127
Musketiere (Preußen) 121, 123
Murat, König von Neapel 11, 15, 17

O

Oberst der Artillerie (Frankreich) 71
Offiziere (England) 93, 95, 99, 103, 111, 115, 117, 119
Offiziere der Artillerie (Frankreich) 41, 71, 73
Offiziere der Infanterie (Frankreich) 27, 29, 30, 31, 37, 41
Offiziere (Preußen) 121, 123, 125, 127, 129, 135, 137, 143
Offiziere (Spanien) 147, 149
Ordonnanz-Offizier (Frankreich) 17

P

Page des Kaisers (Frankreich) 15
Pauker (Frankreich) 91
Pfund-Kanone (England) 117
Pioniere (England) 115
Pioniere (Frankreich) 81
Pioniere (Preußen) 143
Pionier-Train (Frankreich) 81
Pistole (Preußen) 141
Pistolen (Frankreich) 83

R

Rakete (England) 117
Regiments-Artillerie (Frankreich) 41
Reitende Artillerie (Frankreich) 75, 77

S

Säbel (Frankreich) 83
Säbel (Preußen) 141
Säbeltasche (Preußen) 141
Sanitätspersonal (Frankreich) 79
Sappeur (England) 97
Sappeur (Spanien) 27
Sappeure (Frankreich) 27, 29, 30, 31, 53, 57, 81
Schwere Dragoner (England) 113
Schwere Kavallerie (England) 111, 113
Schreiber (Frankreich) 81
Schützen (Preußen) 131
Seitengewehr der Infanterie (Frankreich) 83
Sergeant-Major (Spanien) 27
Soldaten (England) 101, 115
Stabskavallerie (England) 95
Stabsmusiker (Frankreich) 25
Stallanzug der Kürassiere (Frankreich) 43, 45

T

Tambour-Majore der Linien-Infanterie (Frankreich) 21
Trommler (Frankreich) 27, 29, 35, 53, 71
Trompeter der Kavallerie (Preußen) 141
Tschako-Bleche (Frankreich) 39
Tschakos (Frankreich) 79
Tschakos (Preußen) 141

V

Verzierungen der Schoßumschläge (Frankreich) 39
Veteran (Frankreich) 81
Voltigeure (Frankreich) 27, 29, 30, 31, 33, 35, 37, 39

W

Waffen (Frankreich) 39, 73, 77, 83
Waffen (Preußen) 141
Wagen-Train (Frankreich) 81
Wellington 95

Z

Zöllner (Frankreich) 81

Inhalt

Vorwort S. K. H. Prinz Louis-Napoléon 9

I. Teil: Die französische Armee 10

Napoleon und sein Stab 10
Tambour-Majore und Musiker 20
Infanterie 26
Regimentsartillerie 40
Kavallerie 42
Kürassiere 42
Karabiniers 46
Dragoner 50
Jäger zu Pferde 54
Chevau-légers Lanciers 58
Gendarmerie 62
Husaren 64
Artillerie 70
Sanitätswesen 78
Pontoniere – Pioniere 80
Die Militärschulen 84
Adler und Fahnen 86
Berittene Musiker 88

II. Teil: Die britische Armee 92

Generale und Infanterie 92
Kavallerie 106
Leichte Kavallerie 108
Schwere Kavallerie 112
Pioniere und Freiwillige 114
Artillerie 116
Die »King's German Legion« (Des Königs deutsche Legion) 118

III. Teil: Das preußische Heer 120

IV. Teil: Die spanische Armee 144

Kleines Bilderlexikon 151

Verzeichnis der abgebildeten Uniformen und Ausrüstungsgegenstände 155

L. & F. FUNCKEN.